やってる人は稼いでる！

ビジネスYouTube入門

YouTube戦略コンサルタント
菅谷信一

はじめに

「この本はユーチューバーへの挑戦状だ！」今こそ中小企業にビジネスYouTube戦略を。

新型コロナ対策の外出自粛期間を経て、すっかりYouTubeが日常生活の一部として定着した感があります。さまざまな理由で自由な時間を持つことができたビジネスマンが、スマホやパソコンでYouTubeに向き合い、自身の好みの分野の動画に触れる時間が飛躍的に増大したはずです。

幸か不幸か、新型コロナウィルスの感染拡大が、YouTubeの普及にも大きな影響を与えたと考えるのは私だけでしょうか。今から約10年前のスマートフォンの普及に続く、第二次YouTubeブームの到来と捉えている方も多いはずです。

と同時に、YouTubeの視聴者ばかりでなく、YouTubeのチャンネル開設者や投稿者が飛躍的に増加したことも今年の大きなトピックスです。

　これまでＹｏｕＴｕｂｅを視聴するだけであった中小企業の経営者やビジネスマン、個人自営業者がこぞってＹｏｕＴｕｂｅチャンネルを開設し、動画投稿を開始したのです。

　個人事業主でもあるプロスポーツ選手も新しい収入源としてＹｏｕＴｕｂｅに着眼したのもごく自然なことといえるでしょう。


　ところがこのようなＹｏｕＴｕｂｅを取り巻く動きに、私はとても残念な思いをしています。

「ユーチューバーとＹｏｕＴｕｂｅのビジネス活用はまるで違うものなのに、時間の無駄遣いをしているなあ」

「ＹｏｕＴｕｂｅというツールの威力をまるで活かせていないなあ」

　多くの小さな会社やお店のＹｏｕＴｕｂｅ動画を見て、私はそのようにため息をついています。


　ＹｏｕＴｕｂｅ活用に多くの方が興味を持ってくれるようになったのは、とてもいいことです。ですが、娯楽用の動画ならまだしも、中小企業のビジネスを目的としたＹｏｕＴｕｂｅのビジネス活用（本書ではビジネスＹｏｕＴｕｂｅと呼んでいきます。詳細は後述します）は、運用の上で留意すべき点、戦略を練らなくてはならない点など、ユーチューバーの動画投稿とは似て非なるものなのです。

小さな会社やお店の経営者が、本業の売上を伸ばすためのＹｏｕＴｕｂｅ活用のためには、ユーチューバーとは異次元のルールや原則を正確に理解しなくてはならないのです。

本書は、「ユーチューバーへの挑戦状」です。

一再生数円といった広告収入が目的ではなく、あくまで本業の売上を大きく伸ばすことを目的とした戦略的なツールが「ビジネスＹｏｕＴｕｂｅ」です。

住宅会社であれば、年間五棟の受注で年商二億の会社が、年間一〇棟の住宅を受注できるようになり、年商も四億、五億と大きく伸ばすこともできるのです。わずか数円の広告収入を追求するユーチューバーとは異次元の稼ぎ方ができるのです。

私はネット業界歴20年で、2011年からは独自のビジネスYouTube戦略である「菅谷式YouTube戦略」を多くの中小企業に指導し、売上アップの支援実績は100億円にも上ります。

いわば実証済みの、小さな会社のためのビジネスYouTube戦略ということになります。

本書のページをめくると、あなたの頭の中にあるYouTube活用に関する常識が大きく覆るかもしれません。ですが、今、水面下でYouTubeを活用して大きく業績を伸ばしている企業はこのようなことを実践しているのです。

生きた事例満載の構成になっていますが、ぜひあなたと同じ業種だけでなく異業種のYouTube活用に対しても視野を広げて、あなたの味方になる戦略的ツールとして活用してください。

YouTube戦略コンサルタント

菅谷信一

YouTube Guide!!

もくじ

第二章 「YouTubeで営業する」とはどういうことなのか？

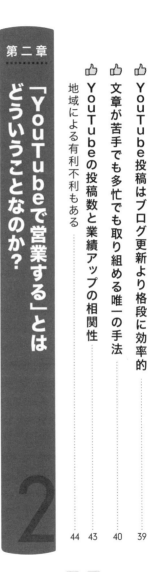

第三章

業種別の成功事例を紹介します

3

第四章

問い合わせが来たら、そこにも動画で対応しましょう

4

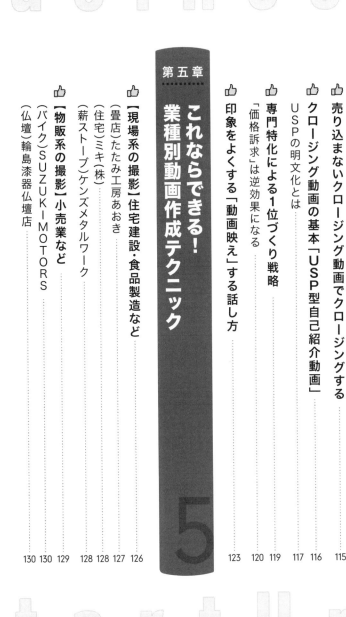

第五章
これならできる！業種別動画作成テクニック
5

Business StartUp

第六章

YouTubeを購買の入り口にするには？

6

YouTube Guide!!

第七章

顔出しせずともモノは売れます！

第八章
動画を毎日更新するための省力ワザ
8

YouTube Guide!!

一章

CHAPTER 01

ブログやサイト更新より、今はYouTube動画です

Business YouTube StartUp Guide!!!

ユーチューバーとビジネスYouTubeの6つの違い

昨今のコロナ禍を経て、YouTubeに触れる機会が増えた方も多いのではないかと思います。また、それをきっかけに「YouTube投稿を始め、ビジネスにつなげよう」と思い立った経営者やビジネスマンもいるでしょう。まさに、本書を手に取っていただいた方々かと思います。

YouTubeというと、いわゆる「ユーチューバー」を想像しがちです。しかし、我々が目指すYouTubeのビジネス活用、本書では「**ビジネスYouTube**」と呼んでいきますが、「ユーチューバー」と「ビジネスYouTube」は似て非なるものです。目的も使い方もまったく異なります。

ビジネスYouTubeには、次のような6つの大きな特徴があります。ユーチューバーとの比較を交えて見ていきましょう。

①目的は問い合わせの件数や売り上げアップ

ユーチューバーは再生回数に伴う広告収入が目的ですが、ビジネスYouTubeではそうではなく、**問い合わせの獲得と売り上げアップ、これを増やすこと**を目的とします。

②できる限りの大量投稿を目指す

ユーチューバーは、多い方でも1日か2日に1本、それぐらいのペースでの投稿です。一方、**我々が目指すのは大量投稿**です。1日3本で年間1,000本ペース、あるいはそれ以上の超大量投稿です。「大変だ、自分にはできない」と思ったかもしれませんが、本書の内容を参考にして実践してください。

③編集にこだわらずタイトルにこだわる

ユーチューバーはとにかく再生回数を上げるために、サムネイルの作り込みや動画編集に時間をかけています。撮影よりも編集にかける時間の方が多いくらいかもしれません。しかし我々は、編集は必要最低限にとどめ、**なによりも動画のタイトルを意識**します。理由は後に述べますが、とにかく最重要視するのは動画につけるタイトルです。編集に時間を使わないので、大量投稿も可能なのです。一切編集の手を加えていない動画の投稿を続け、成功している方が大勢います。

④再生回数にはこだわらない

再生回数を気にする必要はありません。再生されなければ意味がない、と思うかもしれませんが、1本の動画の再生回数は一桁でも構いません。ユーチューバーのように小学生に1万回視聴されても意味がありません。我々の対象はもちろん潜在的な顧客、つまり中小企業や個人事業主、小売りやサービス業でしたら一般のお客様です。「薄い1,000回より濃い10回」。**少ない回数でもいいから、濃い属性の方に見てもらう**こと。1回の再生の濃さが大事なのです。

⑤ビジネスの場だと意識する

みなさん「動画の活用」というと、ステレオタイプなユーチューバーをイメージしてしまい、華やかな演出に力を入れる方が多いのですが、それは著名人などがファンに向けて

ビジネスYouTubeとユーチューバー6つの違い

ビジネスYouTube

- 目的→売上・問合せの向上
- 特徴→大量投稿/超大量投稿
- ポイント→タイトル重視
- 再生回数→薄い1000回より濃い10回
- 傾向→中小企業・ビジネス向き
- 限定公開機能→フル活用

ユーチューバー

- 目的→広告収入
- 特徴→一定投稿
- ポイント→編集重視
- 再生回数→回数重視
- 傾向→著名人向き
- 限定公開機能→認知せず

やるものです。一般の人が同じことを真似しても、ビジネス活用という観点では意味がありません。ＹｏｕＴｕｂｅというサービスを利用する点ではユーチューバーと同じですが、我々は潜在的顧客を相手にビジネスの場として活用するわけです。必要のないところに力を入れる必要はありません。

⑥「限定公開」をフル活用する

最後の「限定公開」は、ビジネスＹｏｕＴｕｂｅのもっとも特徴的な点といえるかもしれません。限定公開はアドレスを知らせた特定の相手だけが再生できるという機能ですが、**クロージングや顧客維持などフル活用**でき、ビジネスＹｏｕＴｕｂｅの幅を大きく広げてくれます。一方、ユーチューバーには再生対象を限定することには意味がまったくありませんから、彼らは活用もしていませんし、そういう設定があることすら知らないはずです。

以上のように、ユーチューバーとビジネスＹｏｕＴｕｂｅは、まったく異質のものです。本書を読み進めるにあたっては、くれぐれもそこをきちんと認識し、正しい方向へ最初の一歩を踏み出してください。

YouTubeはGoogleに優遇されている

なぜYouTubeへの動画投稿、しかも大量の投稿が必要なのか。その一番の理由は、Googleでの検索時にYouTube動画は上位に表示されるという事実があるからです。

百聞は一見に如かずです。ひとつ事例をご紹介します。

さいたま市で工作機械の販売専門会社を営んでいる株式会社鈴喜は、私がコンサルティングを担当

「自動旋盤　中古」で検索すると

本当に中古の自動旋盤を探している人にとっては、強い印象を与える検索結果となっている。

した会社なのですが、どうぞ皆さんも、実際に「自動旋盤　中古」とGoogleで検索をしてみてください。鈴喜のYouTube動画が、検索結果の1位に大きなサムネイルとともに表示されます。特に変わったところのない動画ですが、鈴喜では実に6年以上もこのキーワードで1位をキープしているのです。しかも、このように動画が非常に目立つ形で表示されているのが大きな特徴です。

◀GoogleはYouTubeへ誘導したい

なぜこのような現象が起こるのかといえば、YouTubeはGoogleの完全子会社である、という組織上の背景があります。**Googleは、自分の傘下であるYouTubeを、検索サービスにおいて優遇している**のです。Googleは、自社が与り知らぬサービスよりは自前のサービスに誘導したいわけです。

そうした背景を理解し、本書で述べるいくつかのルールを守ると、前述の鈴喜の例のように、自分がアップロードしたYouTube動画を検索結果の上位に表示させる、優遇させるといったことが可能になります。

もうひとつ優遇点があります。それは検索反映までのスピードが速いということです。

現在、自社サイトやブログを更新してネット上にアップロードしても、Google検索に反映されるまでにはかなり時間がかかっています。ネット上の情報を巡回するGoogleのロボット（クローラー）が、更新したページを参照すると、Googleの検索結果に反映されるという仕組みです。しかし、現在インターネット上の情報は毎年1・6倍のペースで増加しているため、クローラーの巡回がなかなか追いつかない、つまりGoogle検索に反映されるまでの時間も長くなっているという傾向もあるのです。

ところがその点、YouTubeでは投稿の翌日には検索の上位に反映されることも多々あります。私がコンサルティングを担当したある会社では、投稿の3時間後に検索1位に表示されたこともあります。GoogleがいかにYouTubeを検索結果上で優遇しているかという、象徴的な事例です。YouTubeを巡回するクローラーのタイミングが良かったから、という面もあったでしょうが、そういった即効性があることは確かな事実です。

さらに、YouTube動画は検索結果の順位がなかなか下落しないという特徴もあります。通常、ブログやサイトなどテキストベースの情報でも、検索対策を行えば自社の情報が上位に上がりますが、効果は一時的なものにとどまる場合が多々あります。しかし、YouTube動画の場合、一度上位に表示されたら、順位がなかなか落ちません。自動旋盤の鈴喜の動画が6年以上トップにいるという事実が、その証明になるでしょう。こうしたことからも、ＧｏｏｇｌｅがいかにＹｏｕＴｕｂｅを優遇しているのかがわかります。

◀Ｇｏｏｇｌｅ天下が続く限りＹｏｕＴｕｂｅ戦略は有効

検索エンジンといえば、やはり圧倒的な1位はＧｏｏｇｌｅです。自社の情報を検索上位に表示させるためには、良くも悪くもＧｏｏｇｌｅ対策は避けては通れません。日本においてはＹａｈｏｏ！で検索している人も多いのですが、実はＹａｈｏｏ！もＧｏｏｇｌｅの検索エンジンを採用しています。Ｙａｈｏｏ！の検索結果にはＹａｈｏｏ！独自のサービスである「Ｙａｈｏｏ！ショッピング」や「Ｙａｈｏｏ！オークション」からの検索結果が挟まりますが、基本的な検索結果がＧｏｏｇｌｅと似通っているのはそのためです。つまり、Ｇｏｏｇｌｅ対策はＹａｈｏｏ！対策にもなるということです。

では、世界第2位の検索エンジンは何かというと、それがＹｏｕＴｕｂｅなのです。Ｇｏｏｇｌｅ検索で情報を探す方がいる一方で、最近ではＹｏｕＴｕｂｅの中で検索をする方が増えてきているという傾向があります。ＹｏｕＴｕｂｅを検索エンジンとして認識している人はあまりいないと思いますが、ご自身の体験を振り返ってみてください。ＹｏｕＴｕｂｅ内で検索し、調べ物をしたことがある人は大勢いるはずです。

本書で後述するいくつかのルールを守り、Ｇｏｏｇｌｅ検索の上位に自社のＹｏｕＴｕｂｅ動画を表示させることができるようになると、それは同時に、ＹｏｕＴｕｂｅ内検索でも自社の動画が上位に表示される可能性が極めて高くなるということでもあります。**ビジネスＹｏｕＴｕｂｅ戦略は、Ｇｏｏｇｌｅ検索も制し、ＹｏｕＴｕｂｅ内検索も制する一石二鳥の戦略**だといえます。

なんとなく、今はＹｏｕＴｕｂｅがブームだからということで本書を手に取り、関心を持ってビジネスＹｏｕＴｕｂｅを始めるという方もいると思います。その考え方は、もちろん間違いではありません。

ただし、「ＹｏｕＴｕｂｅはＧｏｏｇｌｅ傘下のサービスなのだ」ということもしっかり認識しましょう。世界屈指の企業のひとつであり、ネット企業の中のジャイアントといわれるＧｏｏｇｌｅが、とりわけ優遇しているサービスがＹｏｕＴｕｂｅなのだ、ということを意識しておくと、ビジネスＹｏｕＴｕｂｅに取り組む理由がもうひとつ増えることになるはずです。

Ｇｏｏｇｌｅの時代はこれからも続いていくでしょう。Ｇｏｏｇｌｅが優遇するＹｏｕＴｕｂ

eのような媒体に情報を出し続けることが、戦略上欠かせないということがお分かりいただけたと思います。20年以上という時間をかけてGoogle検索の結果を見つづけてきた結果、私が実感していることです。

「熊本市 仏壇 リフォーム」で検索すると

「熊本市 仏壇 リフォーム」と検索すると表示される輪島漆器仏壇店の動画。こちらも3年に渡り、非常に大きなサムネイルで1位をキープしている。

YouTube内でも検索No.1

「自動旋盤 中古」のキーワードは、YouTube内検索でも株式会社鈴喜が結果上位を独占している状態。

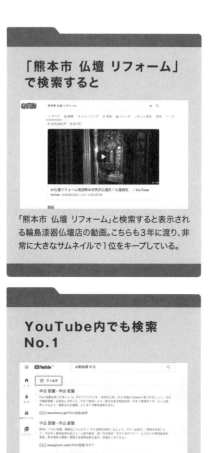

ビジネスYouTubeの大成功例

ビジネスYouTubeで成功した具体的な事例をひとつご紹介します。

山形県酒田市のオートバイ販売店「SUZUKI MOTORS」です。4年ほど前に、私が山形県の酒田商工会議所でYouTubeの講演をしたのですが、SUZUKI MOTORSの鈴木社長には、そのときに聴講していただきました。セミナー終了後からすぐYouTube活用に取り組み、それ以来4年以上にわたり動画投稿を継続しています。

鈴木社長は、私が提唱するビジネスYouTubeのスタイルを忠実に実践し、3,000万円だった売上を4年間で2億円にまで伸ばしました。

実際に見ていただければわかりますが、長編の動画ばかりではなく、比較的短編の動画を、タイトルに留意しながら大量に投稿しているということがわかります。再生回数はあまり意識する必要はないのですが、非常に伸びている動画もあります。長い動画はありますが、編集に凝った動画はほぼありません。チャンネル登録者は14,000人を超え、バイク業界で圧倒的人気のYouTubeチャンネルになっています。

ユーチューバー的な使い方ではなく、ビジネスYouTube活用というものをきちんと認識して第一歩を踏み出し、正しい方向へ4年間歩み続けた結果です。

バイクのネット通販成功に大きな驚き

私自身もバイクは大好きで、若いときにバイクに乗っていました。それだけに必ず現物を見てから購入するのが常識だったバイクを通信販売で買うなど信じられない感覚でいました。なので、鈴木社長から報告をいただいたときにはとても驚いたものです。

なぜ鈴木社長が成功したのかといえば、撮影カメラの前でバイクのエンジンをかけ、アクセルを回し、排

大成功した
SUZUKI MOTORS

SUZUKI MOTORSチャンネルは、4年間で約1,000本の動画を投稿。累計視聴回数は870万回を超える。

気音を聞かせ、視聴者の目の前に現物があるかのような動画をきちんと収録し、バイクを買いたい人の不安感を徹底して払拭するような情報伝達をしているからでしょう。

同時に「このお店なら安心して買い取りをお願いできる」と、買い取りの問い合わせもYouTube経由でどんどん入ってきているとのことです。バイクのネット販売は、従来の常識ではなかなか活用は考えづらかったのですが、このSUZUKI MOTORSの現状を見ると、1回も現物を見ることなくYouTubeの情報だけでそのバイクを注文するお客様も増えているのです。YouTubeで全国へ露出することで、そのバイクを欲しがっているお客さんが必ず見つかるというのもすごいところです。これまで地元だけで商売していたのが、日本全国各地に売ることができるようになったわけです。

もし、鈴木社長がYouTube動画活用の方向性を間違えていたら、どのような状況になっていたでしょうか。例えば動画の数を絞って今より長い動画にしていたら。また、動画編集の方に重きをおいてユーチューバー的な煽り系のタイトルやサムネイルで投稿していたとしたら。それでは彼のYouTube戦略は大失敗していたことでしょう。

この事例を見ていただければ、「ユーチューバーとビジネスYouTubeは全く違うんだな」とビジネスYouTubeの輪郭が少し見えてくるのではないかと思います。

鈴木社長とは現在もお付き合いがあり、最近いただいたメッセージの一部をご紹介します。

コロナ禍の中の現在でもその影響はまったく関係なく、ＹｏｕＴｕｂｅでばんばんバイクが売れています。４、５年前までは年商３，０００万円の規模だった当店も、現在で２億円近くまで売上が伸びています。そして現在、大型店舗への移転まで考えて動いています。１日１台のペースで１００万円越えのバイクが売れています。しかもそれはすべてＹｏｕＴｕｂｅ経由です。

親切でわかりやすい
商品説明動画

ＹｏｕＴｕｂｅの利点を活用した好例。商品のいいところも悪いところも細部まで撮影、説明し、その地道な積み重ねで視聴者の信用を得た。

逆にどのような動画が失敗するのか？

それでは、中小企業が取り組むYouTube動画活用の「典型的な失敗パターン」についても触れておきます。

「ユーチューバーとの6つの違い」の中でも紹介したように、ユーチューバーのように再生回数を伸ばそうとして、編集や演出にこだわったり、注目を集めようとしたりしている内容のもの。そうした動画を投稿している方は、ビジネス上の成果を得られずに失敗をしています。

ユーチューバー的な使い方をしても、やはり成果は出ません。成果が出ないと「続けても意味がないのではないか」と考え、YouTubeビジネス活用に飽きてやめてしまう方が多いのです。

最近、YouTubeで情報発信している企業の事例が増えてきています。それらの動画を、ユーチューバー的かビジネスYouTube的か、そのどちらなのか判断し、その違いを説明できるようになると、ビジネスYouTube成功への第一歩をすでに踏み出していることになります。まず**演出重視型なのか、タイトル重視型なのか、それだけでも簡**

単な見分けができるでしょうし、どれぐらいのペースで投稿しているのか、期間と本数を見るだけでも、どのような路線でその企業がYouTubeに取り組んでいるのかが分かります。ライバル会社のYouTubeへの取り組みを評価することは、自分の会社のYouTube活用の正しい方向性を確かめることにもつながるはずです。

補足しておくと、「演出に凝った中身のある動画をやめなさい。1分間の動画だけやりなさい」といっているわけではなく、そのバランスが大事だということです。1分動画の大量投稿が8割だとして、本業の知識や技術を伝える動画（コンテンツ動画）を2割ぐらいのバランスで投稿することは否定しません。そのバランスが逆だったり、コンテンツ動画だけ投稿するという戦略は、

菅谷信一の ユーチューバー的動画

「ユーチューバー的なコンテンツ動画」に重きを置くと失敗しやすい。が、大切なのはバランスで、決してやってはいけないというわけではない。菅谷自身もコンテンツ動画は投稿している。

中小企業や個人自営業者は絶対に取るべきではありません。ウエイトを置くべきは、1分動画の大量投稿です。「なぜそうなのか」という話は、これから詳しく説明していきます。

動画の情報伝達力は文字の比ではない

なぜ、SUZUKI MOTORSのお客様は、たった1分程度の動画で鈴木社長に全幅の信頼を置き、購入を決断したのでしょうか。

動画の特性をきちんと理解すると、その理由がわかります。NHKのアナウンサーが1分間に読むニュース原稿は、大体350文字だそうです。我々が子供のときに作文を書いた400文字の原稿用紙1枚を、ゆっくり読むくらいのペースです。では、同じ1分間でも動画の場合にはどれだけの情報を伝えることができるでしょうか。実に、文字と比べて5,000倍に値する180万文字分の情報伝達量があるといわれています。

このように動画の情報伝達量は桁違いです。文字では語り尽くせない色や形、写真では伝わらない音や動作などを、能弁に表現することができます。特に車両、機械、楽器など文字や写真では表現しきれない要素を持つ商材については、大きな効果を発揮します。

自社サイトやブログに掲載している情報はいかがでしょうか。文字や写真だけで構成されてはいないでしょうか。だとしたら、それはとても情報伝達力に乏しい表現といわざるを得ません。

正しく動画を使えばより好印象に

アメリカの心理学者、アルバート・メラビアンの実験により導き出された「メラビアンの法則」というものがあります。非言語コミュニケーションの重要性を説くときに、たびたび引っ張り出される法則です。この「メラビアンの法則」によれば、人の印象を決定づける要因の比率は、外見や表情などの視覚要素が55%、話し方や声のトーンなどの聴覚要素が38%、話している内容の言語情報は7%、とされています。これをそのまま信じれば、言葉に視覚と聴覚が加わる動画は、93%もの印象を付加する媒体といえます。

しかし、本来メラビアンの実験は、視覚、聴覚、言語に不一致が生じているとき、例えば「無表情で怒鳴りながら好意を伝える」といったような限定的な状況で、受け手はどのように感じるかを調べたものでした。なので、数値をそのまま当てはめて「人の印象の93%は見た目と話し方」とすることは、厳密にいえば誤りです。

ただ、そうではあっても、人の印象に及ぼす視覚や聴覚の影響の大きさを裏付ける実験結果であることは間違いなく、その数値は驚くべきものです。**動画というものは、正しく使えば好印象を効果的に与えられる媒体**であることは間違いありません。より良い印象を与えられるよう、本書で述べていくような理想的な撮影環境を、自分なりに整えていくことも重要になるでしょう。

前述の鈴木社長のケースでは、商品とともに自身も動画に出演しています。この社長がどういった容貌なのか、誠実な

動画の情報量は段違い

表情豊かに入荷したバイクの詳細を話す鈴木社長。バイクの細部の状態までわかるのはもちろんだが社長の情熱と人柄が強く印象に残る。

人柄なのか、どういった思想なのか、あるいは車両はどういった状態なのか、そうしたあらゆる情報が、たった1分間の動画から視聴者に伝わったのです。

なぜ大量に発信することが重要なのか

私がＹｏｕＴｕｂｅを使った中小企業の業績アップを提唱するきっかけになったのは、２０１１年３月の東日本大震災でした。私が住んでいる茨城県の水戸市や、その北部にある東北地方から、たくさんの経営改善に対する相談が舞い込みました。彼らは資金も乏しく、時間的な余裕もないことから、即効性のあるネット戦略を求めていました。そのときに経営者の皆さんに挑戦していただいたのが、ＹｏｕＴｕｂｅを使った大量情報発信です。

それまでに私がネットの専門家として研究していたテーマが、検索エンジン対策、ＳＥＯでした。ＳＥＯのひとつの大きな原則は、「大きな一等賞をひとつ獲得する」のではなく、「小さな一等賞を大量に獲得する」ことです。例えば「自動車」というキーワードで中小企業が検索1位を獲得することはほぼ不可能です。ところが「自動車 板金塗装 水戸市」などとニッチなワード組み合わせていくと、小さな一等賞を容易に獲得できます。ヒット商品の売上よりも普段あまり動かない商品の売上合計の方が大きいという、経済分野の「ロングテール理論」をSEO分野にあてはめたものです。

そうした「ロングテールSEO」を研究していたちょうどその頃、東日本大震災が起こりました。奇しくも、私が生まれて初めてスマホを買ったのも、大震災の一週間前でした。スマホで動画を撮影し、ワンストップでYouTubeに投稿できることに感動を覚えていたところです。大変な災害と個人的なタイミングが偶然一致したそのような時期に、多くの経営相談を受けることになったわけです。

いうまでもなく彼らは大変な状況にありましたので、資金も設備も不要で今すぐにでも始められる対策が必要でした。それで提案したのが、ロングテール理論に基づくYouTube動画の大量投稿だったのです。**大量のキーワードを考案し、その組み合わせをタイトルにしたYouTube動画なら、Google検索の上位表示を狙えるのではないかという仮説**を立て、半ば実験的に経営者の皆さんにトライしていただきました。

真っ先に挑戦していただいたある経営者は、1年間で1,500本の動画を投稿し、狙った検索キーワードで概ね上位表示を達成しました。仮説が確信に変わりつつあり、この理論をさらに多くの経営者に提唱をしていきました。そのような中で出会ったのが、埼玉県さいたま市の自動旋盤の販売会社、株式会社鈴喜です。彼らは年商2,400万円、600万円の赤字という大変な状態に陥っていたのですが、このYouTube大量投稿に取り組んだ結果、わずか1年で売上は1億円を突破しました。現在は、2億円から3億円の売り上げを推移しています。これで「YouTubeを使った大量投稿」という戦略が、中小の事業者にとって正しい戦略だということが私の心の中で確信に至りました。**小さな一等賞をたくさん取るというロングテール理論は、ビジネスYouTubeに極めて有効**だったのです。

現在ネットは黎明期を経て、全盛期の真っただ中にあります。ネット上の情報が爆発的に増加する中、質を重視した動画や情報を発信しても、その数が少なければ、残念ながら巨大な情報の渦の中に飲み込まれてしまう可能性があります。情報過多の時代には、品質もさることながら、大量に情報を発信していくことが重要です。そうしたネット世界の潮流にもきちんと対応しなければいけません。

YouTube投稿はブログ更新より格段に効率的

ロングテール理論に基づく検索対策のためには、大量の情報発信が欠かせません。仮にYouTube以外のツールを使った場合に、それがいかに実現困難かということを説明しましょう。

これまでにも、ロングテール理論に基づく検索対策は行われていました。ホームページのページ数を増やし、その大量のページをもって検索対策をする方法や、複数のブログを開設したりブログの記事を大量に投稿する方法などです。しかし数十、数百というページを更新したりブログ記事を書くという作業は、多忙な中小企業の経営者にとって至難の業です。

その点、YouTubeを使えば、そうした時間的な効率の問題は解決し、大量投稿を容易に実現できます。例えば、ブログの記事を自分で生成する場合、記事の企画立案、入力、投稿まで、どれほどスムーズに作業したとしても、30分程度はかかると思います。

10本のブログの記事を投稿するとなればなおさらです。これでは大量投稿の実現は困難です。

ところがYouTubeであれば、撮影2分、投稿に1分、設定2分と、極めて短い時間で投稿することもできるのです。わずか5分程度でビジネスチャンスにつながる情報を発信できるツールは、YouTube以外には考えられません。この意味に気づき、大量投稿に取り組めば、YouTubeの価値を改めて認識いただけるでしょう。

文章が苦手でも多忙でも取り組める唯一の手法

これまで述べたように、大量情報発信が必須の時代です。そのような中で、大量のブログ記事の更新や、自社サイトの大量のページ生成に取り組んでいた、ある中小企業の経営者がいました。その方は、理論的には大量投稿に取り組む理由を理解していたものの、多忙な上に文章を書くのが苦手で、現実的にはその大量のブログやサイトの更新がなかなかできずにいました。専任のスタッフや外注業者にコストかけて解決することもできるかもしれませんが、資金的に余裕のない中小企業には、こうした方法はあまり向いているとはいえません。

文章が得意という方でも、先述したように**ブログやサイトの更新は時間的な効率という点で劣ります**。ネタ切れの壁にもぶつかるでしょう。一時期、ブログブームが起こりましたが、多くの方がブログの継続的な更新に挫折し、自社の有効なツールとして活用ができないままでいるのです。

YouTubeを使えば、文章が苦手な経営者やビジネスマンでも誰でもトライできます。商品を撮影したり、普段の営業のように話したりするだけでいいのです。1分の動画でひとつの情報発信ができるようなYouTubeは時間効率に優れ、どんなに忙しい経営者にも利用可能なただひとつの情報発信手段であるということがいえるでしょう。

ブログやサイトの更新が継続できているという方は、文章力の壁もネタ切れの壁もクリアできていると思います。そういった継続力や創造力をすでに持っている方は、ブログやサイトの内容を動画化して投稿すると、一石二鳥の情報発信もできるでしょう。ブログやサイトも、今後本書で述べていくように、記事のタイトルに留意すると、やはり検索の上位表示を狙うことができます。検索結果のトップテンの中に、YouTube、ブログ、自社サイトと、自社情報発信の割合を増やしていくことが理想です。

ただ、やはりGoogleはYouTube優遇主義ですから、ブログのようなテキストベースの情報は上位表示までに時間がかかりますし、YouTubeの威力には劣りがちです。大量投稿を考えると、YouTubeに敵うものはないのです。現在ブログやサイトの運用がスムーズにいっている方は、ぜひその取り組みを継続しつつ、YouTubeに応用してください。

「八ヶ岳 国内移住」で検索すると

「八ヶ岳 国内移住」と検索をすると、八ヶ岳ライフという会社が上位のほとんどを占めている。公式サイトとYouTubeとで、検索結果上位を占めることも不可能ではない。

YouTubeの投稿数と業績アップの相関性

YouTubeの大量投稿に取り組めば、本当に投稿した数に応じて業績もアップするのでしょうか。これは実際に事例を見るのがいいでしょう。

すでにご紹介している自動旋盤の鈴喜は社長名の「鈴木佳之」というチャンネルで約1,000本の動画をアップしています。それで売上2,400万が3億になりましたので、実に12倍を超えています。前述のSUZUKI MOTORSも約1,000本で業績が6倍ということです。この両者は、YouTubeに取り組む前に経営的に苦しんでいましたので、大幅な業績アップにつながっています。このように、現在苦境にある企業ほど伸びしろがあるということです。

もちろん「どのような企業でも業績が何十倍にもなる」ということではありません。後ほど紹介する仏壇販売店のケースでは、動画投稿1万本に対して業績アップは2倍です。それでも、仏壇という商材で短期間に売上倍増というのは驚くべき数字です。

企業によって効果に差は出てきますが、**いずれにせよ、大量投稿の結果、ネット上で人の目に触れる機会は格段に増加します**。それが今まで存在し得なかった商談のきっかけを生み、見込み客を一件づつ丁寧に拾い上げた結果、例外なく売上アップにつなげているのです。

地域による有利不利もある

私は講演で日本全国を回っているのですが、そのほとんどは地方都市です。なぜかといえば、こうした先端的なネット戦略については、企業間の情報格差が大都市圏と比べて大きいからです。同業他社のライバルも少なく、情報を持っている一部の方が一人勝ちを狙えてしまうのです。

先日は北海道の釧路へ講演に行きましたが、例えば釧路市で自動車販売の会社があるとします。その会社が一社だけ正しいYouTube戦略に取り組んだとしたら、釧路の地でライバル会社と圧倒的な差をつけることは、いとも簡単なことなのです。

私は茨城県に生まれ育ち、今も水戸市に住んでいますが、地方都市です。ぜひ地方の会社の皆さんも、本書で紹介されている事例に倣い、夢を持って取り組んでいただければと思います。

東京のような大都市圏は、少々事情が変わってきます。

地方の会社はライバルが少なく成功しやすいわけですが、東京のど真ん中では同業者がひしめき合っていますし、ネットユーザーの情報リテラシーも高く、頭ひとつ抜きんでるには苦労するかもしれません。競争相手が多い中では、事業の専門分野をきちんと絞り込んで勝負することが必要になります。

花屋さんであれば「なんでもお花屋さん」ではなく、例えば薔薇に強い、母の日のカーネーションに強いといった独自性、自動車販売も「車のなんでも屋さん」ではなく、貨物用軽自動車専門など、そうした得意分野の絞り込みが大切です。**業務の実態まで完全に絞り込む必要はなく、ネット上の競争では絞り込んだキーワードで勝負をかける**、ということです。

情報の渦に巻き込まれている東京のネットユーザーは、単に「花屋」と検索することはあまりありません。ですが、例えばそこへ「母の日のカーネーション」と絞り込みキーワードを加えると、需要にマッチしたお客様を拾い上げる機会が格段に増えます。

このように地方の企業と東京の企業とでは若干戦略上の違いは出てきますが、その戦略さえきちんと理解すれば、どの地域でもＹｏｕＴｕｂｅは大きな武器になるのです。

二章

CHAPTER 02

「YouTubeで営業する」とはどういうことなのか？

Business YouTube Start Up Guide!!!

「YouTube営業」の全体像

本章では、ユーチューバーとは一線を画したYouTubeのビジネス活用、YouTubeで営業するということの流れについて解説していきます。YouTubeを使った結果、新規のお客様から問い合わせを獲得したりお客様が来店する、そうした仕組みを作る営業法ということになります。

YouTubeで商品やサービスが売れるというのは、どのようなことなのでしょうか。もちろんYouTubeがショッピングサイトのような役目をするわけではありません。Google検索の上位表示の優位性を活かし、まず自社をネット上で露出拡大させることがYouTubeの役割です。YouTubeを経由して、自社サイトから問い合わせを頂いたり、自社の物販サイトで決済してもらったりといったパターンなどが考えられますが、いずれにしても、YouTubeの動画の内部で取引や決済を行うというものではありません。

YouTubeから自社情報へ適切に誘導し、そこから問い合わせや決済をしていた

だくという流れになります。

では、6ステップに分けて詳しく見ていきます。

ステップ1 商品、サービスの専門特化→1位づくり経営戦略

YouTubeというのは効果的なツールでありますが、戦術ツールにすぎません。経営を左右するのは言うまでもなく戦略です。戦略は、いわば社長の頭の中の作戦です。具体的には「どの分野で1位を狙うのか」ということになるでしょう。

YouTubeへ一本目の動画を投稿する前に、きちんと定めるべきことがあります。どの商品やサービスで専門特化するか、どの商圏エリアに特化するのか、ということです。そこをきちんと考えてからYouTubeに取り組むことで、輪郭がぼやけた投稿ではなく、絞り込んだ商品やサービスでピンポイントに地域のお客様にアプローチする投稿ができるからです。

ビジネスYouTubeの第一歩は、投稿の前に改めて自分の事業を見直すことです。もし総花的に取り組んでいる事業だとしたら、その商品群やサービス群の中から、自社が一番得意としており、お客様から評価されている商品やサービスに絞ります。また商圏

ビジネスYouTubeにおける「YouTubeで営業する」とはどういうことか？

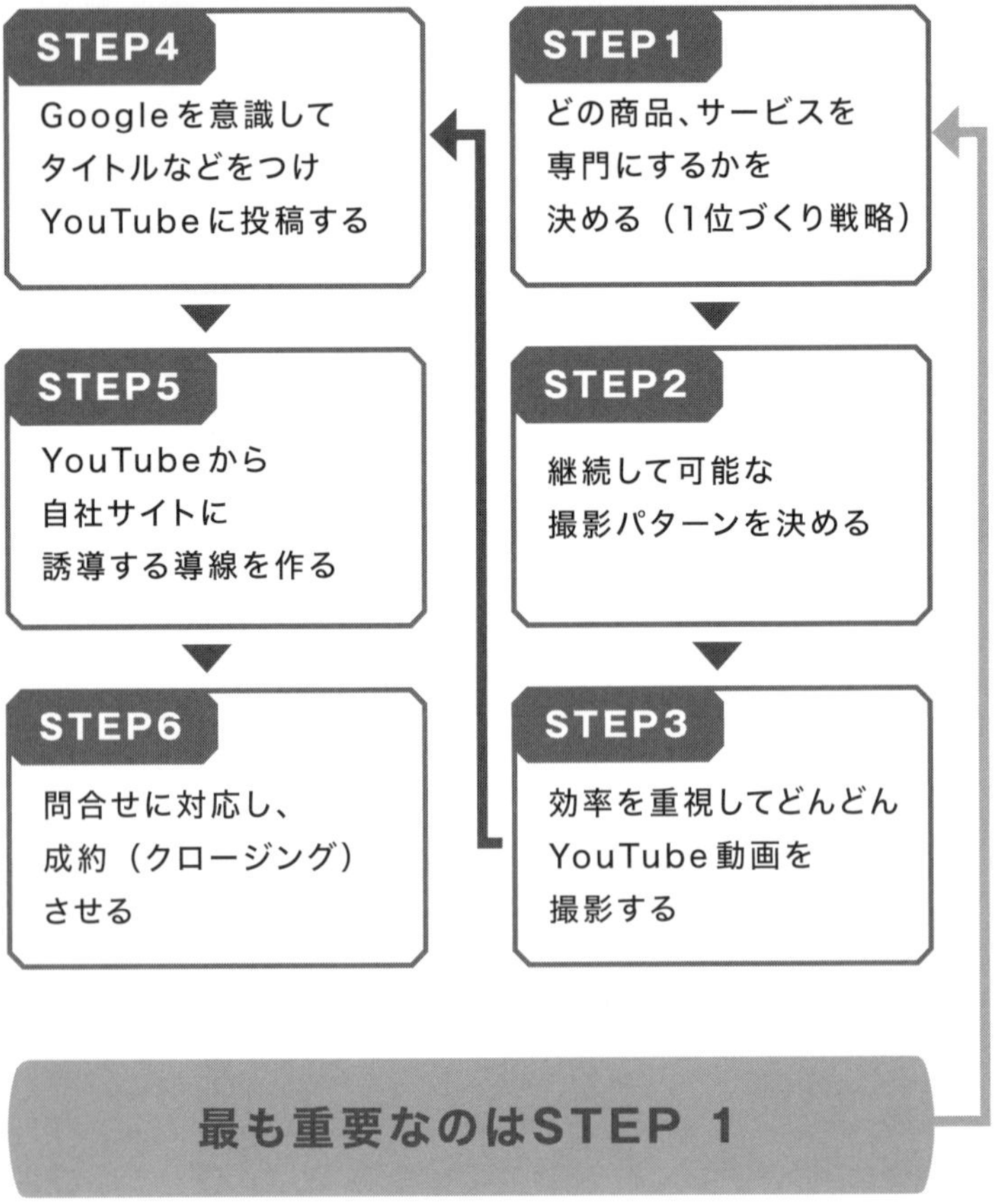
STEP1
どの商品、サービスを
専門にするかを
決める（1位づくり戦略）
STEP2
継続して可能な
撮影パターンを決める
STEP3
効率を重視してどんどん
YouTube動画を
撮影する
STEP4
Googleを意識して
タイトルなどをつけ
YouTubeに投稿する
STEP5
YouTubeから
自社サイトに
誘導する導線を作る
STEP6
問合せに対応し、
成約（クロージング）
させる
最も重要なのはSTEP 1

エリアもむやみに拡大することなく、特定の市区町村レベルのエリアに絞り、その上で経営戦略を考えていくことが大切です。私たちのビジネスYouTubeでは、こうした**小さな1位作りの経営戦略**が基盤となります。

むやみに商品アイテムの数を増やしたり、商圏を広げて考えると、YouTube活用もさることながら、経営基盤が揺らいでしまうということにもなりかねません。往々にして中小企業の経営者は、商品やサービス、商圏を拡大することを好みます。しかし、繁盛している中小企業、小規模事業主は、得意分野の商品サービスを絞って勝負し、狭い商圏で地域密着のビジネスを展開している方なのです。

YouTube1位作りの経営戦略として、自社の商品やサービス、エリアの専門特化を考える、これがステップ1です。

ステップ2　撮影題材の得意パターンを策定する

経営戦略が定まったら、次に検討すべきことはどういった撮影題材なら継続的な撮影投稿ができるのか、撮影の「得意パターン」を策定するということです。

例えば自動車販売会社なら、在庫の車に一日一台乗り込んでエンジンをかけ、その車を紹介するというのはすぐにでもできますし、販売中の車の前に立って朝礼の動画を収録するなどといったこともできます。あなたの会社の特徴、扱っている商品やサービスは、もっとも取り組みやすいテーマであるはずです。なおかつ、ネタ切れの壁に直面せず長続きするような、継続可能な撮影題材をいくつか想定してください。そんな「得意パターン」が最低1つ、できれば3つくらいあれば、何を撮影したらいいのか迷うということがなくなり、大量投稿に結びつけられます。

いってみればワンパターンの撮影なのですが、ビジネスYouTubeの場合にはまったく問題ありません。ワンパターンでいいのかと迷いが出てしまう方もいますが、このビジネスYouTube戦略は、大量投稿と適切なタイトル設定が重要なポイントですので、**ワンパターンでも気にせずに継続する**ということが欠かせないのです。

ステップ3　効率重視のスピードYouTube動画撮影

撮影のポイントですが、あくまで重視するのはロングテールに基づく大量投稿です。効率を重視したスピーディーなYouTube動画撮影を実現していきましょう。企業にとって取り組みやすい方法があると思いますが、ひとつ例を挙げます。

被写体を定めたらカメラの位置は動かさず、1分から2分程度の動画を撮ります。その繰り返しで問題ありません。あくまで、ビジネスYouTubeの場合には効率的に大量の動画を生成することが目的だからです。撮影面では「カメラは動かしすぎない」「ズームを使いすぎない」など留意点はありますが、3章で紹介する成功事例も参考にしながら、効率重視、本数重視でYouTubeの撮影を行ってください。

具体的な撮影方法については第5章で詳しく紹介している。

ステップ4　検索エンジン重視型YouTube投稿

動画をいよいよ投稿します。動画の編集は基本的に行う必要はなく、編集を行う場合であっても必要最低限にします。編集する場合は、ステップ5で述べる「エンディング」を付加する程度にとどめます。

YouTubeへ動画を投稿する際には、タイトルの設定、説明欄の設定など、重要な設定項目が出てきます。**ここで最も重要になるのはタイトル**です。Googleに自社のYouTubeを高い順位で反映させることが目的なので、そこを十分意識して投稿するようにしましょう。

これらについては、第6章の内容を参考にしながら、適切な設定を行ってください。

ステップ5　YouTubeから自社サイトに誘導する導線設計

見込み客にYouTube動画を見てもらっても、どこへ問い合わせればいいのかわからなければ意味がありません。YouTube動画からいかに自社サイト、あるいはLINE公式アカウントなどへ誘導する導線を張ることが必要になります。具体的には第6章でも詳しく述べますが、**YouTubeの説明欄に自社サイトやLINEアカウントのアドレスを正確に記載することが非常に重要**です。

各設定の仕方、タイトルの付け方については、第6章で詳しく紹介する。

YouTube動画の最後の5秒間、エンディングも重要です。ユーチューバーはエンディングでチャンネル登録や高評価を促していますが、ビジネスYouTubeでは必要ありません。自社のLINE公式アカウントや電話番号を表示したり、検索窓のイラストとともに「Googleでこのキーワードで検索してください」と呼びかけ、効果的なエンディングを意識します。

このようにして、動画を見てくれた人を適切に自社メディアに誘導していきます。

「○○で検索」は、URLやメールアドレスを動画に表示するよりも有効。

ステップ6　問い合わせ対応とクロージング

YouTube投稿と導線がきちんと設定できていれば、お客様からの連絡があなたの元に届きます。問い合わせに対しては、第4章で解説するようなYouTubeを使ったクロージング、またはアナログ営業など、総合的なクロージング策を講じて、着実に成約に結びつくようにしてください。特にYouTubeを使ったクロージング方法は、今後新しい使い方として注目されていくことでしょう。

最重要ポイントはステップ1

大まかな流れをご説明しましたが、特に重要なのがステップ1です。中には闇雲に動画の投稿から始めてしまう方もいるのですが、最初の一歩の踏み出し先を間違えないように、1位づくりの考え方も記しておきます。

まず、自社が扱っている商品やサービスの中で、一番得意な分野をピックアップしてください。そして、その分野に市場があるかどうかを考えましょう。どんなに絞っても、お客様がいなければビジネスは成り立ちません。次に、その分野に強力なライバルがいないことを確認します。これらの条件を兼備したビジネス分野であれば、その1位づくり戦略は成功に大きく近づくことでしょう。

複数の1位候補が存在して、どうしても1つに絞り込めない場合には、YouTubeチャンネルを複数設けても構いません。例えば軽自動車専門店、4WD専門店と、専門店を2つ作るという形です。

チャンネルを複数立ち上げるなら、必要最低限度の分類にすることも心がけてください。一人で大量のYouTubeチャンネルを立ち上げることも可能ですが、チャンネルへの注目も分散してしまい、結果、それぞれのYouTube動画が検索時に上位に表示されづらくなるというデメリットがあります。客層や商品分野が異なっていたり、商圏エリアが違う場合に、チャンネルを分ける程度にしましょう。

一本目の投稿前から勝敗はある程度決まっている

私がコンサルティングや講演でよく口にする言葉があります。

「YouTubeに一本目の動画を投稿する前に、実は勝負が決まっているんですよ」

それを聞いた経営者は驚きの表情を浮かべます。

経営は戦略で7割決まり、戦術は3割でしかありません。社長の戦略ミスは致命的だということを理解してください。野球に例えると、監督の戦略ミスは致命的です。選手の適性を見抜き育成したり、相手を分析し合理的な勝ち方を考えるのが戦略、野球道具は戦術です。もし適性のない選手をピッチャーや4番として育成していたり、相手を分析せずにグローブやスパイクなどの道具を磨き続けていたら、いざ試合でどのような采配を取ろうとも、試合には勝てません。試合前から勝敗は決まっているのです。それと似ています。

先日、地方へ講演に行ったときに面白い看板を見つけました。「軽自動車専門・未使用車専門」と書いてあるのです。きっとこの会社の業績はいいのだろうと想像しました。「中古車のなんでも屋さん」ではなく、地方で需要の多い軽自動車、なおかつ程度の良い未使用車に絞り、専門特化した経営をしているということがその看板から見受けられたからです。このように、1位づくりを意識した経営戦略は、看板ひとつにも表れます。もしあなたがクルマ屋さんに行き、トラックの隣にプリウス、その隣にベンツ、またその隣には軽自動車が並んでいたとしたら、その販売会社から安心して車を買うでしょうか。あるいは、眼科、内科、外科、整形外科、産婦人科、小児科、皮膚科と診療科をたくさん掲げている町医者で、手術をしたいと思うでしょうか。心臓血管外科専門、口腔外科専門といった病院を探すはずです。やはり専門特化している会社はお客様に大きな信頼を抱かせる効果があるのです。

三章

CHAPTER 03

業種別の成功事例を紹介します

住宅販売

長野県茅野市

八ヶ岳ライフ

カメラ　固定　移動

顔出し　あり　なし

売上の推移

前年比1,5倍

動画本数

1,497本

現在ニーズが増えている移住者向けの住宅不動産会社です。ご家族で経営している小さな会社ですが、住宅不動産会社の激戦区である八ヶ岳エリアで、短期間にネット上でエリアナンバーワンの地位に駆け上がりました。

実質3年で約1,500本の動画投稿は、いざゼロから始めようとするとなかなか大変な数字です。**現場に行ったら必ず撮る、お客様のところに伺ったら許諾のもとできるだけ一言いただく、そういったことが日常業務の中で習慣化、得意パターン化しています。**

この得意パターンを定めていないと、実践が不安定になってしまうものですが、八ヶ岳ライフの朝倉社長はここがきちんとできています。大量投稿が仕事の一部にきちんと定着している、これが成功要因の一番のポイントでしょう。もし彼の投稿数が百本程度でしたら、おそらくライバル会社の情報に飲み込まれ、こういった形で競争優位性を保つ

ことはできなかったはずです。

物件よりも暮らしにフォーカス

住宅不動産業界では、自社が取り扱っている建物や土地にレンズを向けがちです。八ヶ岳ライフの場合は物件を収録している動画はほとんどなく、「八ヶ岳という地区ではこのような暮らしが実現できます」という動画が多いのです。例えば、「近くに綺麗な川が流れています、高地で夏も涼しくマラソンなども楽しいですね、趣味の時間で陶芸をやってもいいですね」など、この地区ではこのような快適な暮らしが実現できるということを訴求しています。そ

八ヶ岳に別荘を買う
田舎暮らしチャンネル

https://www.youtube.com/channel/UCEHnAWXAYy6acmf27-RN_KA

れが結果的に題材にバリエーションを持たせ、ライバル会社とも毛色の違うYouTube動画になっています。

「土地や建物ではなく、快適な八ヶ岳での暮らしを提案して売る仕事なんだ」という、朝倉社長の姿勢を動画から垣間見ることができます。このような姿勢が移住者の気持ちをつかみ、大きな成功理由になっているのです。

客の声はキラーコンテンツ

お客様の事例をきちんと収録しているのも特筆すべきポイントでしょう。

八ヶ岳ライフでは、「第二の人生は涼しい八ヶ岳に移住をしたい」という年配のご夫婦の移住のお手伝いもよくされていますが、そうしたお客様の声もYouTubeへ投稿しています。どのようにお客様が朝倉社長に移住の相談をして、自分の理想の第二の人生を実現したのか、そうした喜びの声を、きちんと動画に収めています。**経営者からの一方通行の動画ではなくて、多面的な表現が実現できています**。

お客様の声は「論より証拠」で、最高のキラーコンテンツといわれます。お客様が満足していないと、喜びの声はいただけません。誠実な仕事をきちんとして、移住という

YouTube
八ヶ岳移住 NO.1 プロデューサー
移住後も、家族ぐるみで生涯サポート
300坪以上の広い原村土地掲載数100件以上！
八ヶ岳ライフ株式会社
チャンネル登録
八ヶ岳に別荘を買う田舎暮らしチャンネル
チャンネル登録者数 580人
ホーム
動画
再生リスト
チャンネル
フリートーク
概要
国内移住、八ヶ岳別荘を買う、購入後サポートが充実！八ヶ...
2,386 回視聴・3 年前
八ヶ岳ライフHP https://yatsugatake-ijyuu.com/
LINEで気軽に聞いてみる➡
電話➡0266-72-5880
https://line.me/R/ti/p/%40tun0888u
国内移住、八ヶ岳別荘を買う、購入後サ
参加させていただきまして
0:00 / 3:53
アップロード動画
すべて再生
別荘を買う、原村と茅野市で八ヶ岳と田園風景が観える...
108 回視聴・3 日前
原村別荘暮らし、八ヶ岳自然文化園、ストライダーエン...
54 回視聴・4 日前
茅野市に別荘を買う、東京、大阪等、八ヶ岳以外に住ん...
145 回視聴・1 週間前
原村に別荘を買う、300坪土地が欲しい、坪3万円は高い...
283 回視聴・1 週間前
八ヶ岳に別荘を買う移住されたお客様の声
すべて再生
二地域居住（デュアルライフ）、原村週末移住、日高...
712 回視聴・3 年前
八ヶ岳山小屋暮らし、暖かい家（気密性）2月の寒さも楽...
687 回視聴・1 年前
茅野市移住、八ヶ岳に別荘を買う、デメリットを事前知...
572 回視聴・2 年前
原村移住、定年後は八ヶ岳近郊定住して広い土地でゆっ...
342 回視聴・2 年前
八ヶ岳に別荘を買う！移住のための土地情報
すべて再生
【ご成約】八ヶ岳田舎暮らし！富士見町土地5482坪
6.1万 回視聴・4 年前
原村移住、八ヶ岳に別荘を買う！周辺は広葉樹、深山の...
1.2万 回視聴・4 年前
（ご成約）国内移住、八ヶ岳別荘暮らし、原村土地160...
4393 回視聴・4 年前
4168 回視聴・3 年前
原村八ヶ岳サポートの達人
すべて再生

人生の一大テーマをきちんとサポートした結果ですから、これほど信頼を得られるコンテンツはないでしょう。「お客様の声をたくさん撮りましょう」というのは簡単ですが、その前提として実業がきちんと評価されていないといけません。お客様の声は、確かな仕事ぶりを証明する裏付けになるのです。

業者の目線ではなくお客様目線で

チャンネルの動画タイトルを見ると、住宅不動産業者の目線なのか、それとも移住者やお客様の目線なのかがすぐわかります。朝倉社長は、業者として売りたいものを動画のタイトルにしていないのです。

例えば業者目線のYouTubeでは「土地、角地で何坪、何千万円」といったスペックをタイトルにしがちです。そこを「ふくろうが住んでいる」「原村移住、田舎暮らし」「ランニング、温泉、ヨガ」「星空、山の眺望」といったキーワードにしているのが朝倉社長です。八ヶ岳に来るとどのような暮らしが実現できるのかという、**徹底したお客様目線のキーワードになっている**のです。

スペックをキーワードにしてしまうのは「不動産会社のあるある失敗事例」です。私たちが想像しているほど、不動産を探しているユーザーはスペックをキーワードにして検索をしないのです。アパートを探している人は「ランドリー置き場あり」「セキュリティ付き」といったスペックでは検索しません。そうした情報が欲しければ、最初から不動産物件のポータルサイトを利用するからです。大手ポータルと同じアプローチでは中小企業は飲み込まれてしまいますので、例えば「小児科が近い」「安いスーパーがある」といった言葉を使う方がお客様の関心を引くことができます。朝倉社長は、その点でも非常に正しいアプローチをしています。

LINE公式アカウントも効果的に活用

この時期に、しかも短期間で前年比売上1.5倍というのは驚くべき数字ですが、取り組んだのはYouTubeを軸にしたネット戦略のみです。

八ヶ岳ライフへの問い合わせは、LINEでも多数来るそうです。「YouTubeを見たのですが」と、ごく気軽な雰囲気のメッセージが届くのです。お客様となる移住希望者は、普段LINEを使っている人がほとんどです。電話やメールではなく、LINEでニックネームのまま気軽に聞くことができるのは、お客様の立場を考えると大きなメリットといえます。

不動産

大阪府八尾市

株式会社MIMA

カメラ　固定　**移動**

顔出し　**あり**　なし

売上の推移

年商25％増

動画本数

約4,700本

美馬さんという名物社長が営まれている、大阪府八尾市の不動産・リフォーム会社です。ユーチューバー的に手間をかけて編集した動画もアップされています。一方で大量投稿も継続的に取り組み、結果的に再生回数も業績も伸びているので、このようなスタイルが彼には合っているのでしょう。

手間をかけた編集も「得意パターン」のひとつにして、なおかつ楽しくやることができれば継続にもつながります。

業績については元々好調だったのですが、YouTube戦略の社内チームを組んでから年商25％アップということです。

◀ 専門家による解説動画が好評

メインチャンネル以外にも「中古+リノベーション」「耐震リフォーム」「雨漏り解決」など、部門ごとに複数のチャンネルを運用しているのが特徴です。全14チャンネルが存在し、動画総数は約4,700本にものぼります。各チャンネルでは、不動産、またリフォームの専門家としてのワンポイントアドバイス動画などを公開していますが、やはり住む人の目線に合わせたもので、チャンネル登録者数も多く好評です。例えば、床フローリングの選び方、防犯性の高いステンレス網戸の紹介、システムキッチンメーカーの特徴といったものです。また、一時期問題になったシェアハウス投資への注意を喚起するもの、リフォーム減税や補助金のポイントなど、内外装からマネーまで、不動産やリフォームについての豆知識を社長自ら解説しています。

数と質の両面を追求しているので運用も大変だと思うのですが、美馬社長自身がとても前向きに取り組んでいるのが動画から伝わってきます。

経営者を全面に押し出すことの効果

経営者が動画に登場する事例は、不動産やリフォーム業界ではさほど多くありません。動画投稿は、部下任せ、現場監督任せという会社が多いのです。MIMAは地域に根差

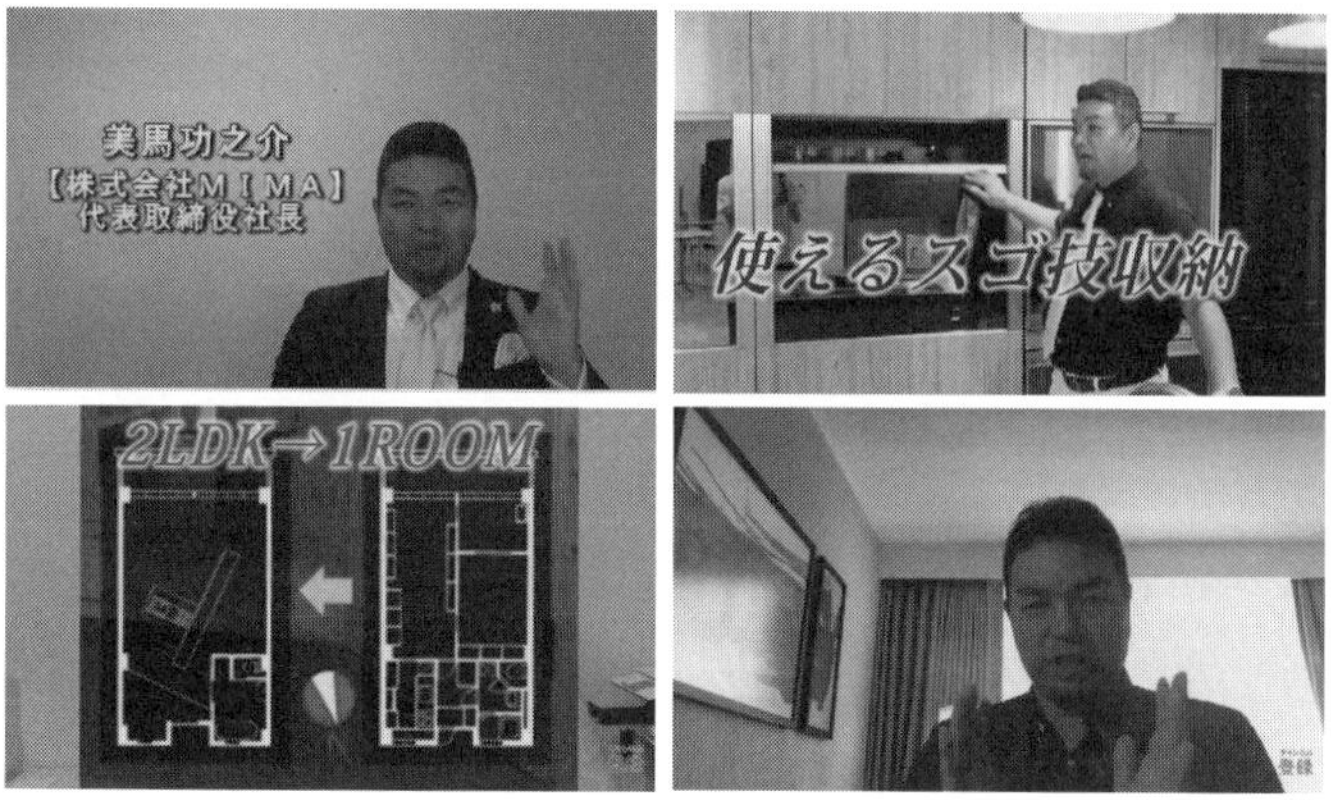

した中堅企業ですが、社長自らがこのようにYouTube動画に取り組んでいると、地域のお客様にも大きな安心感を与えるはずです。美馬社長自身も会社の商品であると位置づけ、自身の公式サイトも立ち上げているほどです。これは彼が「人で物を売る」の本質をよく理解していることの表れです。先述の八ヶ岳ライフにも通じるところがあります。

　率先垂範といいますが、社長が自分の背中を見せて従業員の前で手本になっているのが、組織に良い影響を与えています。YouTube動画でも全社一丸となった組織的な投稿は大切です。これが経営者から

不動産・リフォーム【生きる・住む・暮らす】
情報発信 美馬功之介 MIMA TUBE

https://www.youtube.com/channel/UC-clboSs8s9GmIWQceTjhRg

社員へ丸投げになりますと、YouTube戦略が会社に根付かない可能性も高くなります。本書で紹介する事例のように、経営者自らがきちんとビジネスYouTubeに向き合っている会社は、組織にそれが根付いています。率先垂範は仕事のことだけでなく、経営者が積極的に動画で出演することで視聴者に安心感や信頼感を与えることにつながっていくのです。

再生リストを分類に活用

「再生リスト」は本書では初めて出てくる言葉ですが、パソコンでいうフォルダ分けのようなもので、動画を任意にグループ分けする機能です。MIMAのメインチャンネルには、社長挨拶、トイレリフォーム、外壁塗装、キッチンリフォームと4つの再生リストがあり、サブチャンネルにもそれぞれ再生リストが用意されています。この機能を使うと、**視聴者は見たいテーマの動画をすばやく探せます**し、リスト内の動画の連続再生もできます。

整理目的のほか、再生リストにはもうひとつメリットがあります。再生リストの名称も、Google検索の対象になっているのです。MIMAの場合、「不動産」「創造価値」

YouTube JP
検索
Mimatube
日本人の価値を創造し、日本を元気にする
情熱社長YOUTUBER　美馬 功之介
美馬功之介公式サイト
不動産・リフォーム・投資【住まいの大王 美馬功之介】 MIMA TUBE
チャンネル登録者数 6480人
チャンネル登録
ホーム
動画
再生リスト
コミュニティ
チャンネル
概要
【LIVE】住む・暮らす・生きるチャンネル紹介「情熱社長You...
【LIVE】住む・暮らす・生きるチャンネ...
1,884 回視聴・11 か月前
■美馬功之介公式HP【LIVE】→　https://konosuke.site/
■FaceBook →　http://www.facebook.com/kounosuke.mima
■社長ＴＶ：http://osaka-president.net/mima
■【株式会社ＭＩＭＡ】リフォーム：http://www.e-mima.net
■【株式会社ＭＩＭＡ】不動産：http://www.yaofudousan.com
■「仮想通貨研究会」フェイスブックページはコチラ
詳細
アップロード動画　すべて再生
ヤバイ？不動産価格は暴落する？【新築　中古リノベ】...
747 回視聴・1 日前
中古住宅購入やリフォームで使える最新補助金「2020年...
4091 回視聴・2 週間前
【これは引っかかる！】外壁塗装の助成金の罠　広告の...
1250 回視聴・2 週間前
【こんなトイレが好き！】見て楽しむトイレインテリア...
2234 回視聴・3 週間前
人気のアップロード動画　すべて再生
リフォーム・新築で失敗しないために！「劇的ビフォー...
10万 回視聴・4 か月前
キッチンリフォーム2020年最新ランキング発表！プロが...
7.8万 回視聴・6 か月前
浴室リフォーム2020年最新ランキング発表！プロが選ん...
4.3万 回視聴・6 か月前
トイレリフォーム2020年最新ランキング発表！プロが選...
3.9万 回視聴・5 か月前
作成した再生リスト
不動産・住宅
2 日前に更新
再生リストの全体を見る
リフォーム・リノベーション
再生リストの全体を見る
価値創造・情報発信
再生リストの全体を見る
仕事で役に立つツール
再生リストの全体を見る
美馬　功之介関連動画

といったシンプルな名称になっているリストも多いのですが、ここにも戦略的なキーワードを入れることができますので、さらに向上の余地があります。

また、動画再生が終わるとリスト内の次の動画が自動的に再生されますので、**個々の動画の再生の機会向上にもつながります**。まったく対策をとらないよりは、他社の動画に流出してしまう可能性が減るわけです。「この動画を見せたら次にこれを見せたい」という対策もできます。

このように再生リストは効果的な使い方もできるものです。再生リストを用意していない方も結構多いのですが、その点、美馬社長はYouTubeの機能を理解し、よく考えて活用しています。

効果的なチャンネル紹介動画

チャンネルのホームで自動再生されるのがチャンネル紹介動画です。これは自己紹介動画、プロモーション動画のようなものになります。これがなかったり、手を抜いていたりすると、せっかくチャンネルを見てくれた方に印象を残すことができません。チャンネルのヘッダ画像である「チャンネルアート」や、そこからの導線となるリンク設定もそうです。美馬社長はそのような細部にも気を配っていますので、これからビジネスYouTubeに取り組む方への良いお手本になるはずです。

治療院

東京都三鷹市

マキ鍼灸治療院

カメラ　固定　移動

顔出し　あり　なし

売上の推移

年商2.5倍

動画本数

229本

三鷹市の鍼灸院、「マキ鍼灸治療院」の吉田院長は、3年間にわたり継続的に動画投稿に取り組み、正しいタイトル設定が功を奏して年商2・5倍を達成しました。吉田院長はひとりで経営をしていますので、三脚固定カメラでの撮影です。カメラと正対し、お客様にメッセージを投げかけて親近感を与えるという、人物訴求型の動画が大半です。**撮影労力も編集も必要最低限で、私が推奨する大量投稿向けのスタイルを実践しています。**

人物訴求型の動画で親近感をアピール

治療院のYouTube動画といえば、固定カメラで手元や施術風景を撮り続けている動画も多いのですが、それでは経営者の人柄やキャラクターは伝わりません。治療院は競争相手が多いため、腕前もさることながら、「この人に自分の体を任せよう」という信

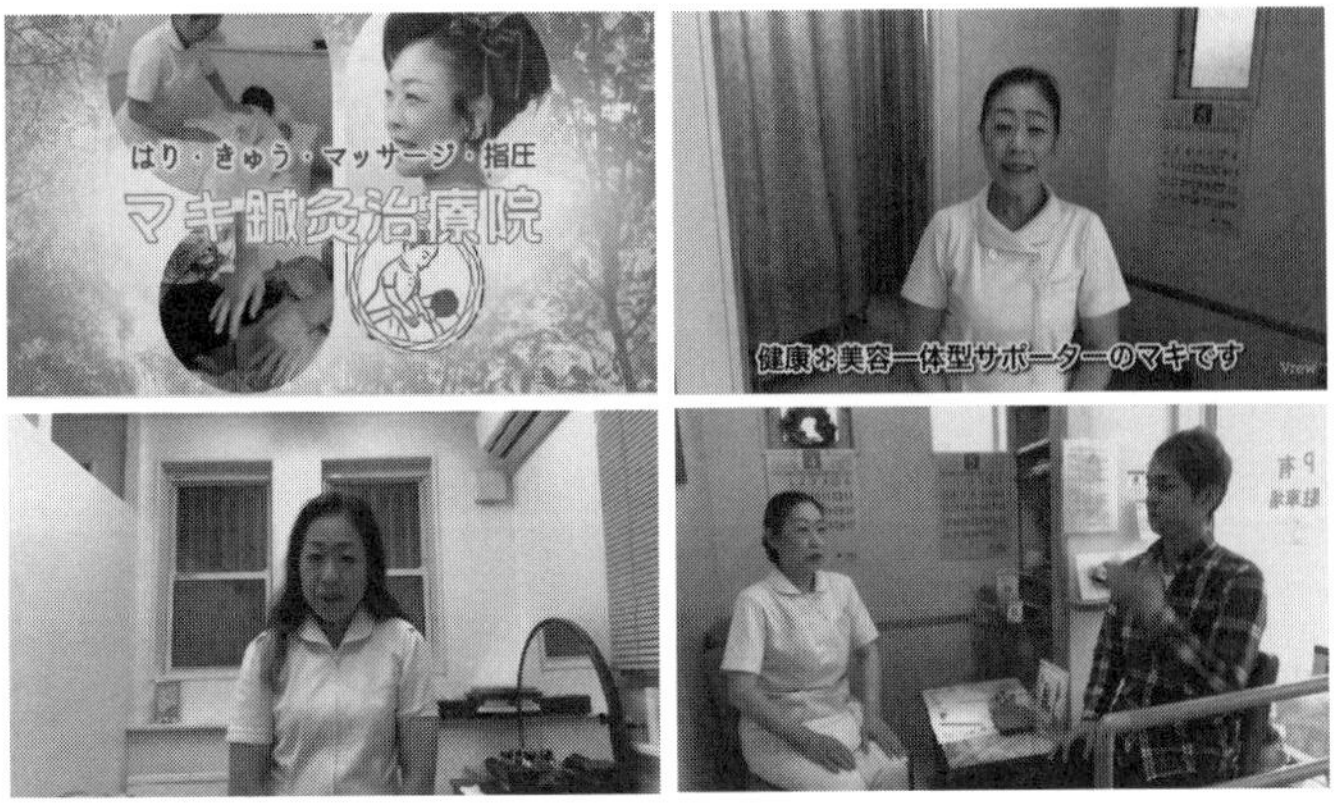

頼感を与えることが重要です。「この人なら体を預けてもいい」、「この人は生理的にダメ」のような患者さんと施術者には相性がそれぞれあります。その点、顔を出して親身に語り掛ける吉田院長は、特に女性の患者さんに安心感を与えることに成功しています。地元の三鷹で働く女性、三鷹で子育てをしている女性を客層ターゲットとして明確にしていることも功を奏しているのですが、男性客からも好評を得ています。

患者目線の効果的なキーワード設定

治療院で失敗しているのは、プロの施術者目線の専門的な言葉をYouTubeのタイトルに使ってしまっているケースです。例えば「坐骨神経痛ブロック治療」のような用語ですが、患者様、特に女性はほぼ検索で使わないキーワードです。そうした用語を使う治療院は、残念ながら患者様との間にキーワードのミスマッチが生じてしまいます。その点、吉田院長の場合は、**患者目線の平易な表現を使っています**。例えば「三鷹市 鍼 痛くない」「ストレス解消 質の良い睡眠」「食欲がない やる気が出ない」といった具合です。患者様の気持ちや、身体のトラブルについての平易な言葉です。これが彼女のYouTube戦略の一番の成功要因になっています。

ビジネスYouTubeの場合には、患者目線に立った平易な表現、簡単な言葉の方が効果的です。最近はスマホの音声認識で「近くに鍼灸院はある?」「肩が上がらないのはどうして」という言葉で検索する人も多いため、なおさら平易な表現が必要になってきます。吉田院長の動画のタイトルを見ると、患者様に向けて正しいアプローチができていることが一目瞭然です。

健康の専門家として専門知識をアピール

鍼灸の話だけでなく、健康や美容全般についてのワンポイントアドバイスを得意パターンのひとつにしているのも特徴です。治

マキ鍼灸治療院

https://www.youtube.com/channel/UCtfqaka7T1ylC8j6Zs6gY5Q

YouTube JP
検索
ホーム
急上昇
登録チャンネル
ライブラリ
マキ鍼灸治療院
チャンネル登録者数 68人
ホーム
動画
再生リスト
チャンネル
概要
アップロード動画
すべて再生
三鷹市　マッサージ　プレミアム付商品券　本日発売
92 回視聴・4 日前
三鷹市　鍼　ひどい症状でもよくなる　しびれがずっと...
22 回視聴・6 日前
三鷹市　鍼　尻もち　転んでぶつけた痛み
21 回視聴・2 週間前
19 回視聴
作成した再生リスト
お顔のお手入れ・トラブル解決
再生リストの全体を見る
唄ってみました
再生リストの全体を見る
登録チャンネル
YouTubeコンサルタント・菅谷...
チャンネル登録者数 1520人
チャンネル登録
川越の夫婦の不動産 きづな住宅
チャンネル登録者数 1.11万人
チャンネル登録
皿洗いする飲食店コンサルタント
チャンネル登録者数 13人
チャンネル登録

療院は施術のテクニックだけでなく、「冷え性を解消すれば血流が良くなり、肌もきれいになる」というような、頭の中の知識も実は見えない商品です。それをカメラの前で、しかも笑顔でわかりやすく話すのですから、信頼感を得られないはずがありません。

治療院に限らず、お客様は専門家に対して技術や知識に相当する対価を払うわけですから、その知識を嫌味なくアピールしているというのも成功要因になっています。

患者の生の声やLINE導線もポイント

ほかの事例でも「お客様の声はキラーコンテンツ」と申し上げましたが、仕事の結果が目に見えにくい治療院には特に患者さんの声は欠かせません。この事例のような「鍼は全く痛くありませんでした」「びっくりするくらい肩こりが良くなった」という患者さんの生の声は、施術者がいうより何倍も説得力がありますし、来院を迷う人への後押しになります。そして新しく来院した方に了解を取り、また新しい動画も撮れるという好循環も生まれます。

女性の患者様が多いという背景もあり、ＹｏｕＴｕｂｅからＬＩＮＥ公式アカウントへ誘導しているのもポイントです。説明欄にはサイトのアドレスや電話番号に加えて、「ニックネームでお気軽に」というメッセージでＬＩＮＥ公式アカウントへのリンクを張っています。スマホであればこの部分をタップしてすぐメッセージを送れるわけです。電話と違って夜中など時間も関係なく、自分の個人情報が知られることもないため、ＬＩＮＥ公式アカウントは問い合わせへのハードルを下げる効果があります。

自動車・バイク

千葉県柏市

MIGAKIYA 夢工房

カメラ 固定 移動

顔出し あり なし

売上の推移
7倍

動画本数
13,474本

カーフィルム施工、ポリッシングやコーティング、板金塗装を得意とする職人さんのお店です。とにかく13,000本という投稿数が圧倒的です。この超大量投稿が功を奏し、カーフィルム施工で集客7倍、現在も過去最高益を更新中とのことです。

YouTubeには動画投稿数と業績に与える影響の関係には特徴があります。1,000本を2,000本にすると問い合わせ件数が倍になるという正比例の関係ではなく、動画本数がある一定のラインを超えると、急に成長する二次曲線のカーブを描くのです。しかし、もったいないことに、二次曲線の急上昇カーブが始まる前にやめてしまう方も多いのです。500本、1,000本まで頑張ったのに、問い合わせ数など反応に変化がないので挫折してしまうのです。

大嶋社長の場合は、1,000本は土台固め、2,000本、3,000本でもまだ通

過点と考えて取り組み、その結果、動画投稿数は13，000本に達しました。千葉県柏市とその周辺の市町村、カーコーティング、車の板金、カーフィルム、車の車種などの**多様なキーワードについて13，000の組み合わせで投稿し、圧倒的な数の「小さな1位」を獲得しました。**

社長と社員の対談形式による投稿

なぜこんな大量投稿ができたのかといえば、やはり「得意パターン」の継続です。中でも多いのは、大嶋社長と唯一の社員である野村さんとの対談形式の動画です。毎朝行われる朝礼の様子もYouTubeに

夢工房
MIGAKIYA

https://www.youtube.com/channel/UCBNatLSNmUZ02JmNv2aHS9A

アップロードしています。朝礼、対談といっても、堅苦しいものではなく社長と社員のフランクな会話を取り上げています。「今日はこれについて話そう」とひとつのテーマが決まっているだけで、会話が弾んで場は持つものです。**一人でカメラの前で話すのと比べて、対談動画は実践のハードルが下がります**。この得意パターンを採用したのも大嶋社長の大量投稿継続の秘訣です。

対談形式は、業界問わずすべての方に挑戦していただきたいYouTube戦略に加速をつける撮影パターンです。対談形式を取り入れると投稿数や再生回数に弾みがつくという事例は、ユーチューバーの世界でも同様です。

ビジネスYouTubeの世界でも、一人で話すのが苦手な方などは特に、社長と社員、社員さん同士と、様々な組み合わせを考えて対談動画に取り組むと、無理なく自然に会話を弾ませることができ、その結果、継続的な動画投稿を実現できるのです。

◀エリアや車種名など絞り込んだキーワード展開

動画タイトルのキーワードを見ると、千葉県柏市、及びその周辺の我孫子市や市川市と、地域戦略を考えて、広い千葉県の中でも商圏エリアを絞って対策していることがわ

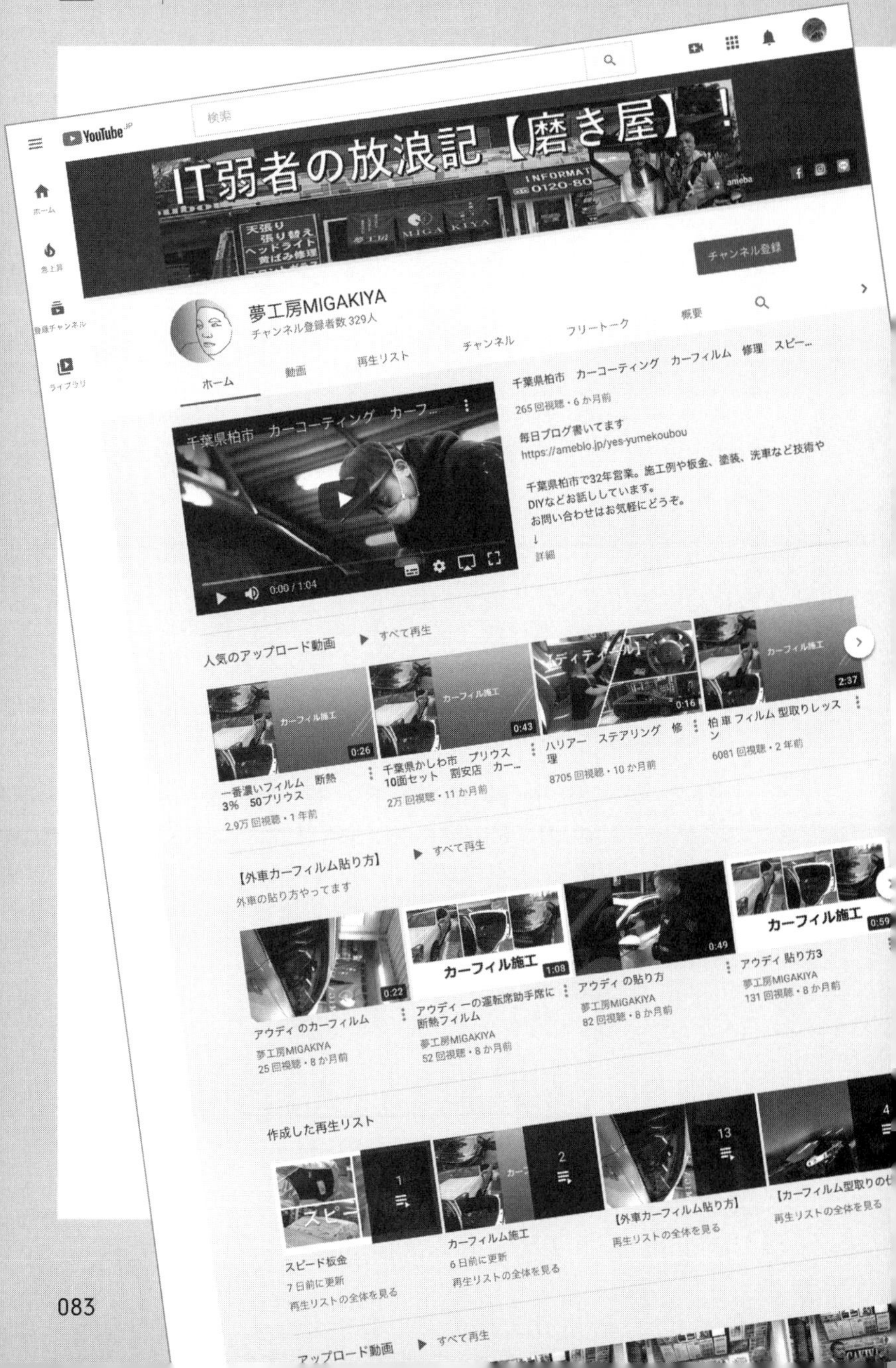
YouTube JP
検索
ホーム
急上昇
登録チャンネル
ライブラリ
IT弱者の放浪記【磨き屋】！
チャンネル登録
夢工房MIGAKIYA
チャンネル登録者数 329人
ホーム
動画
再生リスト
チャンネル
フリートーク
概要
千葉県柏市　カーコーティング　カーフィルム　修理　スピー...
265 回視聴・6 か月前
毎日ブログ書いてます
https://ameblo.jp/yes-yumekoubou
千葉県柏市で32年営業。施工例や板金、塗装、洗車など技術やDIYなどお話ししています。
お問い合わせはお気軽にどうぞ。
↓
詳細
人気のアップロード動画　すべて再生
一番濃いフィルム　断熱3%　50プリウス
2.9万 回視聴・1 年前
千葉県かしわ市　プリウス10面セット　割安店　カー...
2万 回視聴・11 か月前
ハリアー　ステアリング　修理
8705 回視聴・10 か月前
柏 車 フィルム 型取りレッスン
6081 回視聴・2 年前
【外車カーフィルム貼り方】　すべて再生
外車の貼り方やってます
アウディ のカーフィルム
夢工房MIGAKIYA
25 回視聴・8 か月前
アウディーの運転席助手席に断熱フィルム
夢工房MIGAKIYA
52 回視聴・8 か月前
アウディ の貼り方
夢工房MIGAKIYA
82 回視聴・8 か月前
アウディ 貼り方3
夢工房MIGAKIYA
131 回視聴・8 か月前
作成した再生リスト
スピード板金
7 日前に更新
再生リストの全体を見る
カーフィルム施工
6 日前に更新
再生リストの全体を見る
【外車カーフィルム貼り方】
再生リストの全体を見る
再生リストの全体を見る
アップロード動画　すべて再生

かります。もうひとつは施工経験のある車種名をキーワードに加えていることです。例えば「プリウスの板金修理を細かい配慮もしながら丁寧にやりました」という動画があれば、これからプリウスを預けたいという人にとっては安心材料になります。輸入車や趣味性の高い車種であればなおさらです。海外支援活動で防弾フィルムまで手掛けたという同社の豊富な経験があってこそですが、花屋なら品種名、飲食店ならメニューや食材名と、他業種でも応用できる手法です。

現場での作業を効率的に動画化

毎日の作業風景を、ほぼノー編集でそのまま見せる動画が多く公開されています。手元を映すだけでなく、これはどのような作業か、どのようなコツがいるかなど、ワンポイント解説を加えているのもいいところです。「**企業秘密の一歩手前まで映しましょう**」という私のアドバイスをよく守っていることが動画から伝わってきます。当然、施工は毎日ありますから、これも大量投稿に寄与する撮影パターンになっています。

LINEアカウントへの誘導を優先

個々の動画の説明欄にも「ＬＩＮＥでお気軽相談」という効果的なメッセージとともに、ＬＩＮＥ公式アカウントへの導線を張っています。電話番号より上部に記していることからも、ＬＩＮＥをより重視していることがわかります。ＢｔｏＣの場合は、電話やメールよりもＬＩＮＥを重視するのが最近のネット戦略のトレンドです。時間帯を問わず、ニックネームのままメッセージを送信できるＬＩＮＥの性質を理解し、受注につながる問い合わせを安定して獲得しているのです。ＹｏｕＴｕｂｅとその周辺を総合的に対策しているからこその「集客7倍」といえます。

物販

熊本県熊本市

輪島漆器仏壇店

カメラ　固定　移動

顔出し　あり　なし

売上の推移

収益2倍

動画本数

15,388本

熊本市の輪島漆器仏壇店は、仏壇仏具の販売が大幅に向上し利益が200%に倍増し、過去最高益を更新しました。新聞折込などの広告費を大幅に削減し、代わりにビジネスYouTubeに取り組んだことが利益を押し上げる要因になったということです。お金をかけて広告を出すよりも、経費のかからないYouTubeの方が絶大な効果があったということです。

15,000本の圧倒的な投稿数

同社は永田社長が実質ひとりで経営している会社ですが、実践開始後3年ほどで15,000本という超大量投稿を実現しています。私がコンサルティング指導してきた企業の中でも、トップクラスの優良事例です。最初に永田社長から相談があった時期には、市内にいくつもある同業者との競争が激化し、業績も低迷していたのですが、わずか3年で圧倒的地域ナンバーワンの座に上り詰めました。15,000本という圧倒的な投稿数ですから、仏壇や仏具に関するあらゆるキーワードをカバーして、地域のお客様を拾い上げることができるようになったのです。

3年で15,000本を達成するには、1日あたり13本強です。そこまで実践できた一番の要因は、習慣化にあります。永田社長は、毎朝4時起床で、開店前の時間を活用して動画を収録、投稿しているそうです。もちろん昼間の時間帯も有効活用しています。

YouTubeに限ったことではありませんが、会社の経営に携わっていると時間の制約が多々ありますので、少ない時間をどのようにやりくりすべきかという悩みがあります。**そのひとつの答えが、早寝早起き、朝の時間の有効活用**です。永田社長のYouTubeチャンネルを見てみると、朝の時間帯の投稿が実に多いのです。目覚まし時計と一緒に「今日も4時起きです」などと一日のスタートを元気に宣言する動画もあります。

忙しい中小企業の経営者のYouTube戦略が頓挫してしまう際の一番の言い訳は「時間がない」です。経営者は時間との戦いが避けられませんが、読者の皆様にも永田社長を参考に朝の時間の有効活用をお勧めします。私も同じく、毎朝4時起きの習慣を11年

続けています。

ホワイトボードの有効活用

永田社長は**ホワイトボードを上手に活用して、撮影の得意パターンにしています**。内容のポイントをあらかじめホワイトボードに書いておき、それを見ながら話すというスタイルです。このような形でホワイトボードを有効活用すると、話す内容を覚えてから撮影に入るよりは、ずっと話しやすくなります。いわばカンペのようなものですが、視聴者に内容が伝わりやすくなります。

話す内容も仏壇のことだけではなく、本業と関係な

輪島漆器仏壇店
くまモン仏壇永田幸喜

https://www.youtube.com/channel/UC6EwNrVWkPDTYwo1AWiyYJA

い話題も楽しんでいます。自らのキャラクターも売りにして、「私はお酒やめて3年です」のような個人的な軽快なトークも交えて動画にしています。「人でモノを売る」姿勢が動画から伝わってきます。

いくつかYouTubeのサムネイルを見てみるとわかるのですが、朝の動画投稿はこのホワイトボード活用動画です。いくつかの自分の得意パターンを決めた継続実践が光りますが、その中のひとつがホワイトボードの有効活用。大量投稿が継続できている理由のひとつです。

新商品PRに大量投稿とマスコミ露出

新型コロナウイルスの影響で、妖怪アマビエが注目されましたが、アマビエは熊本ゆかりの伝説の妖怪です。そこで輪島漆器仏壇店は「疫病退散アマビエ仏壇」という新商品を企画しました。そのネタで動画ももちろん投稿していますが、**マスコミ各所にプレスリリースを送り、様々な新聞、テレビ、雑誌などで紹介頂くための活動も展開しています**。地元熊本のローカル新聞、民放地方局だけでなく、NHKの「プロフェッショナル 仕事の流儀」にまで出演しています。永田社長は、これまでにも地元で熊本城マラソンが開催される際には「熊本城マラソン応援仏壇」を作り、コース上に仏壇を置いて応援するという活動を毎年実施したり、「くまモン」の商用利用許可を真っ先に取得し、くまモングッズ第一号として「くまモン仏壇」を発売したりと、コストのかからないPR活動をコツコツと積み上げてきているのです。今では、マスコミの方からお伺いの連絡が来るまでの関係性を築き上げることができました。マスコミ出演に関する動画も投稿し、当然のようにお客様からの反響も大きく、お客様の声やお礼状といった「キラーコンテンツ」も動画の題材にしています。

YouTubeに加えて、能動的にマスコミにもアプローチして、また評判が評判を呼んでYouTubeを視聴してもらえるようになるという理想的な相乗効果、好循環が完成しています。YouTubeのようなツールを効果的に使いつつ、プレスリリースで攻めの姿勢もとる、これでお金は1円もかかっていません。マスコミを上手に巻き込んだ総合的な経営戦略が構築できています。

YouTube JP
検索
ホーム
急上昇
登録チャンネル
ライブラリ
テレビショッピング出演中！
熊本日日新聞
木曜日広告中
ふいてもはげない仏壇
(有)輪島漆器仏壇店
チャンネル登録
輪島漆器仏壇店くまモン仏壇永田幸喜
チャンネル登録者数 520人
ホーム
動画
再生リスト
チャンネル
フリートーク
概要
並べ替え
アップロード済み すべて再生
GOTO人吉水害仏壇無料提供 クラウドファンディング募...
25 回視聴・20 時間前
FM熊本ラジオ出演 緊張 すぐ反応ラジオの力 熊本...
24 回視聴・22 時間前
FM熊本 熊本復興プロジェクトWith 放送 人吉水害豪...
24 回視聴・1 日前
熊本復興プロジェクトプロジェクトWITH9:45出演 皆様...
21 回視聴・1 日前
FM熊本ラジオ出演
熊本復興プロジェクトWITH
人吉水害仏壇無料提供
FM熊本FMK出演！
9:45聞いてね！
神様仏様上田様 高額寄付感謝 クラウドファンディ...
42 回視聴・1 日前
福岡竹井さん感謝 クラウドファンディング募金 ...
29 回視聴・2 日前
仏壇無料提供 令和2年熊本人吉豪雨被災者支援 お喜...
23 回視聴・2 日前
ゆずり葉清水代表に感謝 クラウドファンディング好発...
26 回視聴・3 日前
Fbお友達福岡竹井さん
ありがとうございます
十五夜に、ススキ供えました
ゆずり葉清水代表
ありがとうございます
好発進 クラウドファンディング 令和二年熊本豪雨被...
34 回視聴・3 日前
令和二年熊本豪雨被災者支援 仏壇無料提供 クラウドフ...
48 回視聴・4 日前
令和二年人吉豪雨犠牲者慰霊式 被災者支援仏壇無料提...
34 回視聴・4 日前
仏壇 無料提供 令和2年熊本豪雨被災者支援仏壇無償...
29 回視聴・5 日前
クラウドファンディング開始
10:30スタート！
早期復旧祈願式
10／1スタート10:30
ヒラこみゅ第一号 弁当ヒライ 令和2年熊本豪雨被災者...
31 回視聴・5 日前
熊本 日本一元気仏壇店 コロナ退散アマビエ社長
28 回視聴・6 日前
令和2年熊本人吉豪雨被災者支援仏壇無料提供 クラウ...
41 回視聴・6 日前
正代関、優勝おめでとう 熊本に勇気！元気！勢い！...
134 回視聴・1 週間前
元気喜富に品揃え
コロナ退散
アマビエ社長
正代関！優勝
熊本に元気！勇気！感謝
熊本 人吉豪雨被災者支援仏壇無料提供 西日本新聞掲...
31 回視聴・1 週間前
人吉水害仏壇無料提供 クラウドファンディング成功祈...
28 回視聴・1 週間前
熊本豪雨被災者支援仏壇無料提供 シンボルアマビエの...
32 回視聴・1 週間前
土曜日も元気営業！ 夜7時半までナイター営業
32 回視聴・1 週間前
共同通信の若きホープ！
西日本新聞に掲載
人吉水害仏壇無料提供
クラウドファンディング
成功祈願アマビエの旗
シンボル旗完成
城野印刷桑野さん感謝
人吉豪雨被災者支援
仏壇無料提供
お喜び声ハガキ
人生快晴ルンルンおやじ
コロナ退散アマビエ社長
取材お礼手紙 共同通信社可愛い天使N記者様 熊本豪...
雨でも元気社長 RKK水戸黄門テレビ
34 回視聴・1 週間前

商社

埼玉県さいたま市

株式会社 鈴喜

カメラ　**固定**　移動

顔出し　**あり**　なし

売上の推移

年商12.5倍

動画本数

1,008本

自動旋盤専門商社の鈴喜は、鈴木社長夫妻で手を取り合って年商2,400万だった会社を年商3億にまで伸ばしました。私のビジネスYouTube戦略の象徴的な成功事例です。自動旋盤は町工場などで使われる大型の工作機械なのですが、新品だと3,000万円ぐらいする非常に高価な商品です。新品販売の市場では大企業と戦うことになりますので、競争を避けて自動旋盤の中古専門に経営戦略を絞りました。まさに、専門特化の一位づくりを考えてから、ビジネスYouTube戦略を実践したのです。

自動旋盤に限らず、車でも楽器でも新品を販売するのは新人の営業マンでもできることです。新品にはコンディションの差がないからです。しかし、**状態に個体差のある中古は、眼力のあるベテランの営業マンにしか売れない**のです。その点、この鈴木社長は、前職時代に20年以上工作機械の販売をしていたベテラン営業マンです。ベテランではな

くては売れない中古への絞り込みは経営戦略的に正解です。前述の通り「YouTubeを始める前に勝負はついている」という私の話を理解して、その上でビジネスYouTubeを実践していきました。

迷いのない得意パターンの継続

中古大型機械という商品の特性上、手元に在庫を置くということがないため、ほとんどの動画は自宅兼事務所の一部屋で撮影しています。**動画には自分で撮影スタートと終了のボタンを押す様子まで収められており、いわば素人動画です。**「このような動画を

鈴木佳之

https://www.youtube.com/channel/UCqn6rUlZbEldEZXhOXY9hQw

投稿すると企業の信頼を損ねるんのではないか」と考えて、その素人動画の投稿にすら踏み切れていない中小企業が多いのです。しかし、鈴木社長は迷いなくこういったスタイルで大量に投稿しており、それが成功の要因になっています。

企業の信頼は、動画の編集や演出、ＢＧＭで得られるものなのでしょうか。鈴木社長の動画を見ていただけると分かるように、社長の奥様がカメラの前に立ち、町工場の経営者に誠実に語りかける。これに勝る企業の信頼はないと私は考えています。その証拠に、中古でも1台1，000万円以上する機械が、動画が契機となり継続的に売れているのです。

企業がお客様に対して一番信用を与える要素は、経営者や経営幹部が自らカメラの前に立ち、仮に1分の動画であっても誠実にメッセージを投げかけることです。鈴木社長はそこに迷いがありません。「もっと格好のいい動画を投稿しなくてはいけないのかな」という迷いがあると、彼らの実践は停滞していたことでしょう。そうではなく投稿数とタイトルが重要なのだと、私が指導する重点ポイントに集中して取り組んでくれた結果です。

YouTube JP
検索
チャンネル登録
ホーム
急上昇
登録チャンネル
ライブラリ
佳之
鈴木佳之
チャンネル登録者数 408人
ホーム
動画
再生リスト
チャンネル
フリートーク
概要
並べ替え
アップロード済み すべて再生
自動旋盤専門 シチズン製買取 訪問
1434 回視聴・2 年前
自動旋盤専門 シチズン製買取 ご相談
1017 回視聴・2 年前
自動旋盤専門 シチズン製買取 お見積
363 回視聴・2 年前
自動旋盤専門 シチズン製買取 埼玉県
367 回視聴・2 年前
自動旋盤専門 シチズン製買取
286 回視聴・2 年前
自動旋盤専門 スター精密製買取 青森県
259 回視聴・2 年前
自動旋盤専門 スター精密製買取 青森県
180 回視聴・2 年前
自動旋盤専門 スター精密製買取 鹿児島県
199 回視聴・2 年前
自動旋盤専門 スター精密製買取 秋田県
220 回視聴・2 年前
自動旋盤専門 スター精密製買取 滋賀県
265 回視聴・2 年前
自動旋盤専門 スター精密製買取 岩手県
144 回視聴・2 年前
自動旋盤専門 スター精密製買取 熊本県
217 回視聴・2 年前
自動旋盤専門 スター精密製買取 熊本県
132 回視聴・2 年前
自動旋盤専門 スター精密製買取 石川県
113 回視聴・2 年前
自動旋盤専門 スター精密製買取 佐賀県
104 回視聴・2 年前
自動旋盤専門 スター精密製買取 山口県
129 回視聴・2 年前
自動旋盤専門 スター精密製買取宮崎県
79 回視聴・2 年前
自動旋盤専門商社 中古機械問い合わせ
950 回視聴・2 年前
NC自動旋盤 スター精密製買取 広島県
161 回視聴・2 年前
NC自動旋盤 スター精密製買取 大分県
131 回視聴・2 年前
NC自動旋盤 スター精密製買取 新潟県
49 回視聴・2 年前
NC自動旋盤 スター精密製買取 富山県
86 回視聴・2 年前
NC自動盤 スター精密製買取 宮城県
69 回視聴・2 年前
NC自動盤 スター精密製買 福井県
35 回視聴・2 年前

工作機械の専門キーワードを使用

投稿を継続できていても、タイトルが不正確だと検索に反映されません。工作機械を買う方は製造業の経営者や資材担当者で、ＢｔｏＢの世界です。住宅販売や治療院などの例では「お客様目線で平易な表現」と述べましたが、こちらの場合のキーワードは逆で、担当者が検索するであろうメーカーや機種名を主にタイトルに入れています。専門家寄りの目線にきちんとフォーカスを当てて対応しているわけです。「Ｂ－12Ⅰ型」「Ｂ－12Ⅳ型」と**細かい型番の違いでもひとつずつ別の動画のタイトル**に入れており、その型番名を含めたキーワードで検索するときちんとＧｏｏｇｌｅの上位に鈴喜の動画が表示されます。

「24時間３６５日問い合わせ可能」のインパクト

動画の説明欄に鈴木社長の携帯電話番号が書いてあるのも印象的です。「24時間３６５日営業中」と添えてあるのです。冷静に考えると、未明に電話が鳴ったら対応するのは難しいはずです。しかし製造業の現場は24時間体制で稼働している場合もあり、昼夜問わずの対応が求められています。実際に真夜中にかかってきたことも1回だけあったとのことです。このような表記は製造業界に携わっているという意識、自信の表れで、大きな信頼感を与えます。

USP訴求型の自社サイトへの誘導

USPについては次章で詳しく述べますが、同業他社との違いと自社ならではの強みを明らかにし、顧客へ伝えるものがUSP（ユニーク・セリング・プロポジション）です。

YouTubeの説明欄には誘導のために自社サイトへのURLを書く必要がある、というのは2章で述べた通りですが、自社サイトに誘導すれば問い合わせが確実に得られるというわけではありません。**同業他社と異なり、自社だけがお客様に提案できるメリット**、このようなUSPがしっかりと書かれていないと高い反応は得られません。鈴喜の場合は、URLからリンクした先の公式サイトに「選ばれる5つの理由」というコーナーを設け、ライバルにはない自社だけが提供できることが書いてあります。鈴喜がなぜここまで業界の中で競争優位性を保てているかといえば、YouTube動画に加えて、この公式サイトで同業他社にお客様が流出しないようなＵＳＰがきちんと訴求できていることです。仕事を斡旋したり、周辺の困り事もサポートするといった、他の工作機械販売会社では対応しないことまで、しっかりと宣言されています。

ＵＳＰを訴求できていない、他社と代わり映えのしない自社サイトでは、意味がありません。ＹｏｕＴｕｂｅとその周辺まで盤石に固めることが、真のビジネスＹｏｕＴｕｂｅ戦略なのです。

サービス

静岡県伊東市

株式会社ディープルーツ

カメラ：固定 / **移動**

顔出し：あり / **なし**

売上の推移

売上2倍

動画本数

8,062本

「ラフィンダイビングスクール」という、ダイビング教室とショップを運営している会社です。伊豆というダイビングショップ激戦区で競争の荒波に揉まれていたところでビジネスYouTubeに取り組み、売上2倍になりました。

同社は、ダイビングの**客層を絞った経営戦略の上でビジネスYouTubeに取り組んだことが大きな特徴です**。「初めての方も大歓迎、ダイビング体験」という宣伝を展開した結果、体験ダイビングだけで終わってしまい、その後のサービスにつながらないことが多いのだそうです。そこで、一生の趣味としてライセンスを取得し、その後もダイビングに時間や機材の投資をしていく人たちにターゲットを絞りました。投稿動画もそこへ訴求しています。

得意パターンを貫いた超大量投稿

２０１４年から６年あまりで投稿数は８，０００本。動画はダイビングの様子を水中撮影しているものがほとんどで、**顔出しどころかトークも皆無です。無編集の水中撮影という得意パターンを迷わずにやり通しており、タイトルのキーワードに注力すれば成果が得られる**というビジネスＹｏｕＴｕｂｅの好事例です。

池田社長自身は出演しておらず、ダイバーたちの様子だけでなく、海の中の世界、水中の生き物など、ダイビングに関わる様々な場面を投稿しています。特に演出を加えず、水中の世界の魅力を多角的に表現しています。

ダイビングは季節産業なので冬場はなかなか動

画を撮りにくいのですが、同社では夏場に大量に撮影しておき、それを分割、編集してオフシーズンの冬場に投稿するなど、**計画的に投稿しているのも大量投稿の要因です。**撮影したものを即座にアップロードする必要はなく、投稿する時期を年単位でコントロールしているのは季節変動が大きい業界では見習うべき点です。

チャンネル紹介動画と再生リストの作り込み

投稿動画はほとんど編集していないものですが、チャンネル紹介動画はきちんと作り込んだものになっています。ダイビングスクールの全容が伝わるようなプロモーション動画で、制作費用もかけています。**チャンネル紹介動画は自社のビジネスの世界観を伝えるもの**で、チャンネルを訪れてくれた人に「私たちはあなたに新しい世界を見せてあげます」と訴えるものになります。同社のチャンネルトップページを見ると、ヘッダー画像や自社メディアへのリンク、再生リストもきちんと整備されています。日常はタイトルだけ気を使って大量投稿、チャンネルトップはお金をかけて仕事のあり方や社の考え方を伝える。**ビジネスYouTubeの**

伊豆ダイビングライセンス
ラフィンダイビングスクール

https://www.youtube.com/channel/UCuoDH83i3DStFf8SgUoyH_Q

勘所を押さえた運営になっています。

再生リストも効果的に活用しています。ただ作って並べているだけでなく、リストの名前もターゲットに合わせた具体的な言葉になっているのが特徴的で、再生リストの名前もＧｏｏｇｌｅの検索結果に反映されることを理解しています。このように分野ごとに再生リストを作ると、特定のテーマの動画だけ見たい人の期待にも応えることができますし、次の動画が自動的に再生されるので、再生回数を上げる効果にもつながります。

狙った客層目線のキーワードとサイト

客層戦略において、初心者体験だけで終わる方ではなく、ダイビングを一生の趣味としてやっていきたいという方を対象にしたキーワードを設定しているのも同社のＹｏｕＴｕｂｅチャンネルの特徴です。本気でダイビングに向かい合う人にはどういったニーズがあるか、どういった悩みがあるのか、それらを具体的なキーワードでタイトルにしているので、狙い通りの客層のお客様を獲得できています。その層はボンベやウエットスーツといった道具も買うので、客単価も高いのです。

ＢｔｏＣのビジネスですので導線もＬＩＮＥ公式アカウントを重視しており、また公

YouTube JP
検索
ホーム
急上昇
登録チャンネル
ライブラリ
もっと詳しく知りたい方のためのホームページ
伊豆ダイビングライセンス ラフィンダイビングスクール
チャンネル登録者数 882人
チャンネル登録
ホーム
動画
再生リスト
チャンネル
概要
Laughin' diving school MALDIVES DIVE S...
0:00 / 13:16
Laughin' diving school MALDIVES DIVE SAFARI
3,230 回視聴・3 年前
【分かりにくいスポーツ業界なのでなんでも聞いてください！】
●ラフィンダイビングスクール　https://www.izudiving.com/
●LINEでお問い合わせOK　https://line.me/R/ti/p/%40opg7578y
●電話：0557-51-8686　静岡県伊東市大室高原6-110
元予備校講師の分かりやすい指導力で14年で3500名様以上の認定と 2年連続お客様リピート率日本一に表彰された爆笑ダイビ
詳細
人気のアップロード動画
すべて再生
伊豆ダイビングライセンス歴1年ちょっとの女性二人組。...
3.4万 回視聴・2 年前
伊豆 スキューバ ダイビング ライセンス 器材セッティン...
2.6万 回視聴・6 年前
ダイビング衝撃動画！サメの大群に巻き込まれるダイバ...
2.2万 回視聴・2 年前
フィンキックができる人とできない人との足首の使い方...
1.9万 回視聴・3 年前
作成した再生リスト
SNSI ADVANCED OW DIVER(JAPANESE)
再生リストの全体を見る
ダイビングスキルを最短で上達させたい人のSNSIレスキューダイ...
再生リストの全体を見る
ダイビングスキル中性浮力が上手くなりたい人のホバリングトレ...
再生リストの全体を見る
SNSI レスキューダイバーコース ホバリングでの器材脱着トレー...
再生リストの全体を見る
アップロード動画
すべて再生
ダイビング基礎スキルを徹底的に習得する SNSIレスキュ...
32 回視聴・5 日前
ダイビング基礎スキルを徹底的に習得する SNSIレスキュ...
14 回視聴・5 日前
最速で最高の海でダイビングができる技術を手に入れる...
29 回視聴・5 日前
最速で最高の海でダイビングができる技術を手に入れる...
98 回視聴・5 日前
登録チャンネル
National Geog

式サイトもきちんとUSP訴求型になっています。「14年で3,500人認定」、「2年連続リピート率全国一位」といった他社と違う部分が、公式サイトで強調されており、威力を発揮しています。競争が激しい業界でも勝ち抜くことができるエッセンスが凝縮された好事例です。

教育

千葉県習志野市

個太郎塾 谷津教室

カメラ　固定　移動

顔出し　あり　なし

売上の推移

集客200%

動画本数

1,730本

密がNGとされるコロナ禍にあっても好調の学習塾です。

ビジネスYouTubeを始めて以来、入会希望者が倍増し、その成約率は90%にも達します。さらに退会者も半分に減ったというから驚きです。

比較的ライバルの多いエリアですが、その中で埋もれないよう5年間で1,700本の大量投稿をしています。得意にしている撮影パターンは、カメラの前で顔出しする塾長の鴨志田さん、そして塾生たちの指導風景の二通り。塾長の話は、勉強の中身というよりは塾の個性や特長について、親御さんの不安感を払拭したり、悩みに寄り添ったりする内容になっています。時節柄、コロナについての言及もあります。指導風景のほうは、プライバシーの問題もあり、お子さんたちを背中から撮る形です。**後ろからの撮影でも、講師が教えている内容や塾生の反応がよく伝わってきます**。この2パターンを柱に、1

か月間で何本といったマイルールを決めて、継続投稿に取り組んでいます。

◀チャンネルトップには最も効果的な面談動画

チャンネル紹介動画には、非常に効果的な動画を選定しています。体験入塾や個別相談に、親御さんとお子さんが来塾したときの面談の様子を撮影したものです。この動画を見る親御さんは、自分のお子さんの勉強や受験について心配している方で、次に取るべき行動は個別面談になります。これが例えば合格発表の会場で喜んでいる映像だったりすると、動画視聴者が抱く将来のイメージとしては、だいぶ遠くなります。しかし、面談風景は一か月後、あるいは一週間後の自分たちだという、**次の一歩を踏み出していただくための近未来の具体的なイメージをわかせる**ことができます。

学習塾のような事業では、子供の顔を映せないということでＹｏｕＴｕｂｅ戦略が頓挫してしまうケースも多々あります。しかし、日常的に親御さんと関係を築き、撮影協力の依頼をしているため、全体からすると数は少ないものの、何名かのお子さんと親御さんには顔出し出演が実現できています。鴨志田塾長が根気強くＹｏｕ

個太郎塾谷津教室

https://www.youtube.com/channel/UC844HxDLKSu9tjFTY_R8o-A

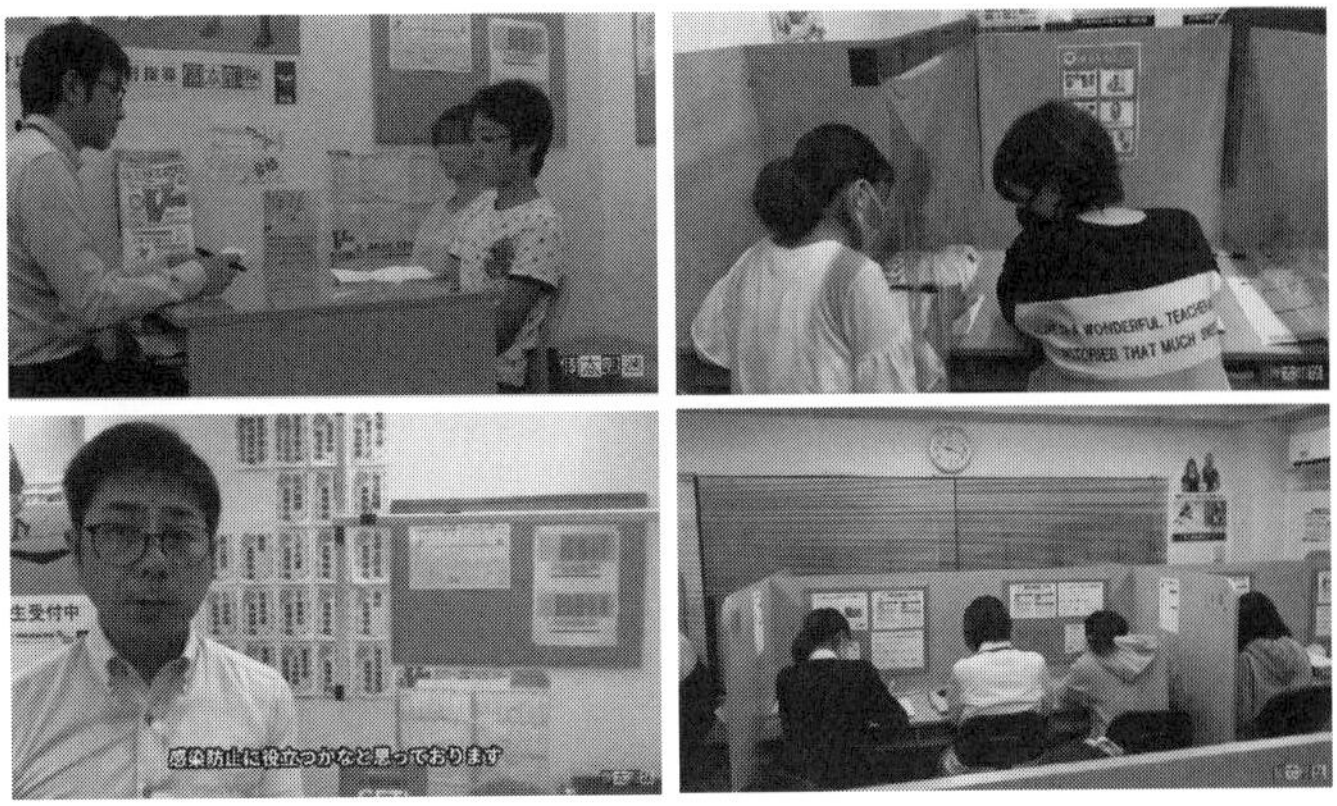

Tubeに取り組んでいる姿勢が見て取れます。

ガラス張りの指導風景で不安感を払拭

背中側からとはいえ、指導風景を映してYouTubeに投稿することは、サービスに自信がなければできることではありません。自分たちの指導方法、いわば商品をガラス張り同然に丸見えにしているのは、「私たちは上手に教えることができます」という自信の表れでしょう。

また、対人接客が伴うサービス業では新型コロナウイルス対策が求められます。その点についても、鴨志田塾長がいち早く対応状況を伝えたり、透明シートを講師との間に設けている様子を映したりして、**配慮や対策をしていることをきちんと動画で伝えています**。関連して、「休校」「学び残し対策」「オンライン授業」といったキーワードでの動画もアップしており、入塾を検討している親子には大きな安心材料になっています。

保護者目線のキーワードと導線設計

学習塾のお客様は塾生でもありますが、YouTubeで想定すべきはやはり保護者なので、**保護者が検索したときにマッチしそうなキーワード**を効果的に使っています。先ほどのコロナ対策に関する言葉もそうですし、具体的な進学校の名前、親御さんが抱える教育についての悩みや疑問。「本番に緊張」「質問できない」「一人で進められない」といったお子さんのウイークポイントについての言葉も目立ちます。お客様である親御さんとの面談やヒアリングで頻出するキーワードに、丁寧にフォーカスを当てているという証拠です。再生リストのタイトルもよく考えられています。

問い合わせしてくる方は、生徒の母親であることが多いため、動画の説明欄には、LINE公式アカウントへの導線が設定してあります。また、リンクされている公式サイトにも、効果的なUSPがきちんと書かれています。「通塾生の7割は他塾から転塾して成績を上げています」「塾で成績が上がらないお子様の成績を上げることが得意な学習

YouTube JP
検索
ホーム
急上昇
登録チャンネル
ライブラリ
個太郎塾谷津教室
ホーム
動画
再生リスト
チャンネル
フリートーク
概要
個太郎塾谷津教室に転塾して成績が上が...
0:00 / 8:21
個太郎塾谷津教室に転塾して成績が上がった
1,155 回視聴・4 年前
個太郎塾谷津教室：公式HP https://www.kota
LINEで気軽に学習相談・面談の予約をする
https://lin.ee/8GzmgvL
TEL：0474098139 住所：習志野市谷津4-8-4
ブログ http://ameblo.jp/kotaro-yatsu/
Facebook https://www.facebook.com/kota
詳細
アップロード動画
すべて再生
0:31
習志野市・塾・谷津・2020・塾に行ってるのに成績が上...
9 回視聴・3 日前
0:29
習志野市・塾・谷津・2020・受験生・模試は毎回受ける
5 回視聴・4 日前
0:29
習志野市・塾・谷津・2020・中3受験生・勉強の仕方がわ...
3 回視聴・4 日前
7 回視
作成した再生リスト
4
習志野市・学習塾・谷津・新型コロナ・学び残し対策
再生リストの全体を見る
受付中
12
習志野市・学習塾・新型コロナウイルス対策
再生リストの全体を見る
よろしくお願いします
2
習志野市・塾・谷津・近くの塾・成績の上がる・個別指導
再生リストの全体を見る

塾です」と、最初から成績のいい子を対象にしているのではなく、**他の塾で駄目でも来てくださいと、客層専門特化がきちんとできています**。そしてなぜできるようになるのか、「できない子を72の角度からアプローチする」「結果が出る5つの理由」と、自社が選ばれる理由を強調しているため、YouTubeをキッカケに公式サイトにアクセスした見込み客は「うちの子のための塾だ」と確信に至るのです。

四章

CHAPTER 04

問い合わせが来たら、そこにも動画で対応しましょう

Business YouTube StartUp Guide!!!

ＹｏｕＴｕｂｅ戦略には前半戦と後半戦がある

「ＹｏｕＴｕｂｅを見たのですが」と問い合わせが来たら、お客様を離すことなく売上にまで繋げなくてはいけません。営業でいうところの「クロージング」です。これまで述べてきたのはＹｏｕＴｕｂｅを使った集客についてですが、本章ではクロージングにフォーカスします。

まずお伝えしたいのは、ビジネスＹｏｕＴｕｂｅ戦略は前半戦と後半戦に分けて考えられるということです。**前半戦が集客、後半戦がクロージング**です。見ず知らずのお客様が自分の会社や店舗にやってくること、または見ず知らずのお客様から問い合わせが届くこと、この状態に持っていくのが集客です。

しかし高額の商品、住宅不動産、機械類、自動車、宝石のようなものは、その場ですぐ販売が完了するものではなく、営業活動に時間や手間がかかります。お客様に正式なご注文を頂くまでに、半年もかかるような業界もあります。そうした業界では、後半戦のクロージングが重要になります。

問い合わせに対してはメールでの回答、資料請求に対してはパンフレットの郵送などの対応を取っている会社が大半です。その中で、**自分の会社だけがUSPを意識した自己紹介動画を個別に送る**わけです。強力なライバルと比べられることになっても、他社とは違う、頭一つ抜けた印象を相手に与えることができるはずです。

クロージングにYouTubeを使う、YouTubeでクロージングができるという発想は、なかなか皆さん持てないものだと思いますが、水面下で効果的にYouTubeを使い、クロージングに成功している会社も出てきているのです。

YouTube3つの公開モード「一般公開」「限定公開」「非公開」

まず覚えていただきたいのは、**YouTubeには3つの公開モードがある**ということです。全世界に向けて公開する「**一般公開**」、そのほかに、限られたメンバーだけにしか公開しない「**限定公開**」、自分だけが見られる、他人に見せない「**非公開**」があります。

ここまでに述べてきたのは一般公開という、Googleの検索にも反映されるオーソドックスな公開の仕方です。一方、これから本章で紹介するのは限定公開、つまり特定の人だけに向けた公開方法ということになります。

限定公開は、投稿した本人と、動画のアドレスを知っている人だけが再生できるモードです。検索にも反映されませんので、第三者が再生することはありません。これをクロージングにフル活用します。

お問い合わせを頂いたお客様や、最終的な意思決定に至っていないお客様に対しては、「限定公開」を使った動画をクロージングに役立てます。

公開モードを設定する

YouTubeの動画アップロード画面で、「詳細」→「動画の要素」→「公開設定」と進めば「非公開」「限定公開」「公開」の中から選択できる。

売り込まないクロージング動画でクロージングする

しかしここで、見込み客に対して「いつまでに決断してください」と期限を提示したり、「在庫がなくなりそうです」と決定をせかすような動画を送ることは逆効果です。**成果が出るのは「売り込まないクロージング動画」です**。

自社の商品やサービスに問い合わせをしていただいたお客様に対しては、限定公開を使って「USP型自己紹介動画」を送ることが基本中の基本です。この動画だけで成約に至ることもあるのです。

クロージング動画は奥が深く、多種多様な方法があるのですが、読者の皆さんには基本中の基本であるクロージング動画「USP型自己紹介動画」を習得していただきたいと思います。

クロージング動画の基本「USP型自己紹介動画」

たった一本で絶大なクロージング効果がある「USP型自己紹介動画」、これは一体どのようなものでしょうか。まずは自己紹介をすることが目的です。しかし単なる自己紹介で終わることなく、さらにUSPを織り込んだ自己紹介動画にする必要があります。

USPはユニーク・セリング・プロポジションの略で、「独自の販売提案」という意味になります。同業他社にはない、自社だけができる独自の販売提案、これがUSPです。動画の組み立てとしては、30秒から1分程度の比較的短い自己紹介と、それに続くUSPのアピールが1、2分、合わせて2、3分程度という構成になります。

いきなり撮影に入る前に、以下のことについて社内でブレインストーミングを行い、明文化しておきましょう。

自己紹介は、2分、3分という長さですと相手の記憶に残りません。30秒から1分程度の比較的短いメッセージの中で、問い合わせへのお礼、自分の立場、理念といった全容を

関東地方のとある工務店のUSPの例

- 標準3寸5分から4寸のところ、当社は4寸5分の材木で柱を作ります
- 全国各地の銘木の産地から、中間業者を通さずに直接仕入れています
- 地域で最も耐震性とコストパフォーマンスに優れた住宅を提供します

伝えつつ、相手の記憶に残るような自己紹介にします。

続けて、USPの部分です。USPは、「U」と「SP」に分けると考えやすくなるでしょう。「U」は独自性です。同業他社との違いは何か、改めて自己分析してください。「SP」は販売提案。お客様に対し、直接的または間接的にどんなメリットがあるのか、ということです。独自性がお客様のメリットに繋がっていないと、本当のUSPとはいえません。

商品またはサービスによってどんな幸せを手にすることができるのか、お客様はそれを知りたいのです。商品の先にあるものを明確に伝えてください。

USPの明文化とは

USPを明文化して大成功した、関東地方のある工務店の例です。

このようなＵＳＰを掲げ、地域ナンバーワンの工務店になりました。他社にない「Ｕ」として、一回り太い４寸５分の柱と国産の銘木の直接仕入れを挙げ、それを耐震性とコストパフォーマンスという「ＳＰ」につなげ、お客様に訴求した形です。Ｕの要素とＳＰの要素をきちんと兼ね備えています。

改めて、あなたの会社は同業他社と何が違うのかを見つめ直し、それはどのようにお客様のメリットにつながっているのか、その２つの面でＵＳＰを考えてください。どんな平凡な会社も非凡に変われます。ぜひ社員の皆さん全員で話し合ってみてください。４寸５分の柱を売りにした工務店も、社員が顔を合わせて一か月がかりで自己分析し、ＵＳＰを明文化したのです。

USPの例
あるガス販売店の例

当社はトラブル発生時には地域ガス販売店の中で最短の20分以内に駆けつけるので、ガス給湯器の故障に即対応でき、あなたの生活の不便を最低限度に抑えます。

↑

燃料自体は他店と同じ、単価も同じ。「迅速なトラブル対応」という、関連サービスを売りにしています。

専門特化による1位づくり戦略

USPは、腕組みをして考えてもなかなか出てくるものではありません。ですので社内でのブレインストーミングを推奨しているのですが、その取り掛かりとなるのが以下のような考え方です。

USPの基本は、2章でも触れた「専門特化による1位づくりの経営戦略」です。

総合的な1位を狙うのは、大企業だけが採れる戦略です。対して中小企業は、どのような小さな切り口でもいいので1位を確実に取れるもの、「小さな1位」を見つけ出していくという戦略を採ります。先ほどの工務店の例では、「柱の太さとそれが実現する耐震性」という部分の専門特化で1位作りをしたために、地域で一番になれたのです。

逆に、絶対にやってはいけないのは「何でも」「誰でも」です。これらの言葉の延長にある経営戦略を取れば、おそらく失敗の道をたどることになるでしょう。いろいろな商品を並べて「何でもあります」、客層を絞らずに「誰でも歓迎です」、何でも取り揃えて来るもの拒まずという経営スタイルです。こうした経営戦略を採ることは、失敗の第一歩というこ とになります。

専門特化の1位作りには、商品やサービスを具体的に絞り、場合によっては客層も具体的に絞りながら考えることが必要になります。

そうした考え方のもとで自己分析をすると、USP明文化のための要素を導き出すことができるはずです。明文化できたら、社員全員で共有できるようなひな型になるメッセージを社内で策定しておくといいでしょう。

「価格訴求」は逆効果になる

「ガソリン地域最安値」、「他店より1円でも高い商品は値下げします」、これらは価格訴求型の経営です。一見すると、1位づくりに使えそうなフレーズですが、このような**価格訴求はUSPにはなり得ません**。

「**価格訴求**」の反対は何だと思うでしょうか? 少し読み進めずに考えてみてください。いかがでしょうか。

1位作りを考えるための穴埋め問題

●当社の商品（　A　）は、
（　B　）のような方に対して
（　C　）を提供する商品です。

これを提供できるのは（この地域では）
当社だけです。

A　自社の商品やサービス名

B　具体的な悩みやニーズを持っている
お客様の要望

C　お客様に具体的に提供する価値や、
悩みや不安を解消するテーマ、方法など

例1

A 一枚板ダイニングテーブル
B 上質な空間、本物志向
C 一生の満足感

例2

A 減塩ベジスープラーメン
B 高血圧、肥満気味
C 満腹感と健康促進

答えは「**価値訴求**」です。

もし価格訴求型の経営をされていたら、今日からでも価値訴求型に転換してくださ い。特に今後、経営環境が悪化した場合に、最後に生き残る会社は価値訴求の会社で あるはずです。

ウチは他店よりリッター1円高いです。しかしウチは給油の際に車の細かいところま でチェックしますので、安心して車にお乗りいただけます。

ウチの商品は他店より高いです。しかしお客様に売りっぱなしにしないで、地域一番の アフターサービスを提供します。

これが価値訴求です。皆さんの地域にも、商品を定価で売っている町の電気屋さんが あると思います。なぜ長い間生き残れているかといえば、価格訴求の商売でなく、価値 訴求の商売で、地域のお客様に支持されているからです。

クロージング動画での価格訴求は逆効果です。「あなたの会社のアピールポイントはそれしかないのですか」といわれかねません。長期間に渡ってお客様に価値を認めてもらうような経営をぜひ目指してください。USPの策定は、そうした経営戦略を改めて考えることでもあるのです。

印象をよくする「動画映え」する話し方

問い合わせに対しては、これまでメールや電話でクロージングをしてきたという会社が多いと思います。そこをYouTube動画に置き換えるわけですが、その際に注意していただきたいのは、**やはり動画は視覚に訴える情報**だということです。

第一印象は非常に大切です。髪型、服装、笑顔、表情、さらに背景。そして聞き取りやすく不快感を与えない話し方。そうした細部にまで気を使いましょう。社内での練習、ロールプレイングもおすすめです。

動画で好印象を与えるために、私自身が心がけ、動画だけでなく講演や企業研修でも良い結果を出している、話し方のポイントを2つご紹介します。

ひとつは、**短いセンテンスで話す**ことです。センテンスは句点「。」が入るまでの一文のことです。長いセンテンス、例えば「ので」「ですが」といった接続詞を多用し、ダラダラと句点が入らずに続く話し方では、自分が伝えたいことを正確に理解させることが困難になります。長くともワンセンテンスで20秒以内を心がけると、聞きやすく、内容も受け取りやすくなります。

もうひとつは、**要点を3つ程度に整理して話す**ことです。これは欧米的なスピーチやディベートの原理原則です。自分が動画の中で何を伝えようとしているのか、まず3つのポイントに絞って相手に伝え、その後にひとつひとつの要素をわかりやすく伝えていくという方法です。

短いセンテンスに区切り、要点を絞って話す。ぜひこのポイントを意識してください。

五章

CHAPTER 05

これならできる！業種別動画作成テクニック

Business YouTube Startup Guide!!!

「ユーチューバー的な動画ではない」となると、逆に具体的なイメージを持てずに足が止まる方も多いようです。3章で紹介した事例からもわかるように、業種ごとに大量投稿に向いた撮影方法があります。

ここでは、建設や製造といった現場、物販・小売、無形サービス業、この**3つの業種**に大別し、動画撮影のヒントになるテクニックを紹介します。

【現場系の撮影】住宅建設・食品製造など

現場のお仕事では、現場こそが被写体です。住宅会社なのに住宅が全然映っていない、家造りのノウハウだけを話している、これでは説得力がありません。従事されている方にとってはなんの変哲もない現場も、YouTubeを通せばお金を生む題材になります。

人手がなければ、カメラを三脚などで固定し、自分の作業風景を定点撮影するだけでも一向に構いません。GoProのような小型カメラを頭や体につけて、それで自分の視点で作業を収録する方法もあります。

作業の始めから終わりまで撮影し、それを1、2分の動画にぶつ切りにすれば大量の動画が完成します。とはいえ、まったく中身のない動画にするのではなく、自社の仕事ぶりが伝わるもの、場合によっては**企業秘密の一歩手前まで公開する**ようなシーンを選んでください。

現場系の作業風景の撮影①
(畳店)たたみ工房あおき

畳屋さんの作業風景の動画です。畳のへりを折り返す作業が撮られています。このような作業はだいたい10分以上続くので、工程ごとに動画を分けていけば一回の作業で何本もの動画にすることができるでしょう。固定カメラでOKなので社員1人の会社でもOKです。
http://youtu.be/d58wgtbdyrY

現場系の作業風景の撮影③ (薪ストーブ)ケンズメタルワーク

最初に軽い挨拶があり、そのあとはストーブ製作の風景が続きます。「地域名+薪ストーブ」、「クッキング用+薪ストーブ」などキーワード設定が絶妙で、Google検索にもとても効果を発揮していて、大量投稿が上手くいっています。

http://youtu.be/F4giegNTWKo

現場系の作業風景の撮影② (住宅)ミキ(株)

住宅会社の定点観測動画です。作業現場で固定カメラで撮るスタイルです。大きな画面の変化がなく、一見単調な動画に見えてしまうかもしれませんが、それはタイトルを変えて大量投稿しやすい、というメリットもあります。

http://youtu.be/EnXNzHiTgpY

【物販系の撮影】小売業など

物を売っている会社は、**商品の数だけ動画を撮影できる**のがいいところです。商品を1つずつ手に取り、経営者やスタッフが1分間ぐらい商品を端的に解説するといいでしょう。

大型の商品でも、例えばシステムキッチンなら水を流したり、食洗器を動かしたりして、**動画を通した仮想体験的な表現**をしてもいいでしょうし、取り扱っているシリーズの数だけ同じことをして紹介することができます。

1章で紹介したSUZUKI MOTORSもいい例です。1台のバイクで1本の動画にせず、全体の様子、エンジンを吹かす様子、走行テストの様子、パーツ紹介と、バリエーションを持たせて1台で何本も撮影するといったこともしています。中古バイクのような1点ものだと、動画を投稿した次の日には問い合わせがきて売れてしまうということもあります。

物販系の商品撮影②(仏壇) 輪島漆器仏壇店

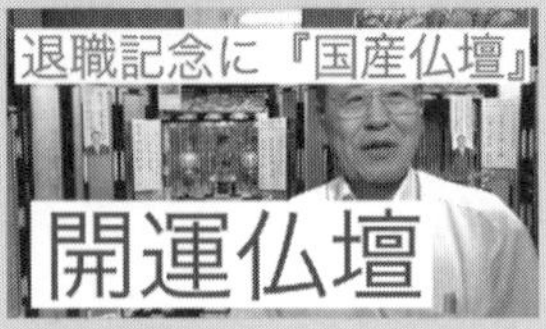

永田社長が1人で経営している仏壇店です。現在、マンション用の小型仏壇など、多様化している仏壇を紹介する動画をはじめ、さまざまな動画がアップされています。自分の得意なパターンを決めて毎日継続することで、15,000本以上(!)の動画がアップされているのには驚かされます。

http://youtu.be/vwNl4Pqgl8Q

物販系の商品撮影①(バイク) SUZUKIMOTORS

山形県酒田市という雪深い町ながら、全国にバイクを売っているSUZUKI MOTORS。鈴木社長が、バイク一台一台の特徴を細部に渡って情熱的に語る動画がメインで、最低でもバイク一台につき動画1本が撮られていますが、もっと多く撮ることも可能でしょう。チャンネル登録者数も多いです。

http://youtu.be/fz_jzkasaY

【無形サービス業の撮影】士業、治療院など

士業、コンサル業、先生業に代表されるようなノウハウや形のないものを取り扱う「無形サービス業」と呼ばれる業種では「撮るものがない」と困る方もいますが、**自分の知識を動画のテーマにする**ことをお勧めします。**プロが披露する豆知識は、立派なコンテ**

物販系の商品撮影③(宝石) ジュエリーネモト

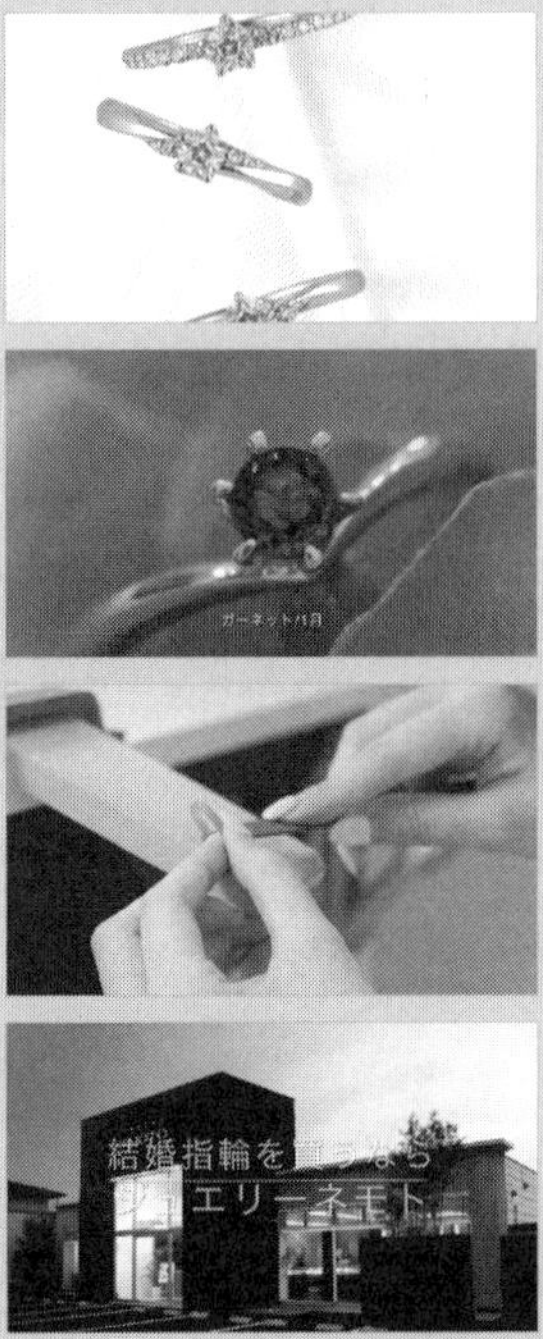

宝石という難しい撮影対象に対して、さまざまな撮影方法(接写の多用、静止画の使用など)を使って、得意パターンを確立→大量投稿できています。また回転テーブルや照明を用いるなどして、効率的にブランド品質を損なわない動画の撮影に成功していますね。
http://youtu.be/n4lQfbPqq3o

ンツになります。小さなワンテーマで動画一本というやり方なら大量投稿も可能です。

例えば税理士さんの例では、「消費税のしくみ」というテーマを取り上げ、その内容をモニターに映しながら、1分間程度わかりやすく解説しています。

このように、**無形サービス業ではモニターやホワイトボードを使用した解説動画が黄金パターン**です。動画をスマホで見る方も多いので、モニターやホワイドボードの内容は、大きい文字を使ったシンプルなもので構いません。どこを切り取ってもサムネイル向けの絵になりやすいのも利点です。

運送会社さんの事例もモニターを使っていますが、こちらはノウハウではなく、運送業務の募集や人材採用にYouTubeを活用しています。

無形サービス業の撮影②(治療院)
アースカイロプラクティック

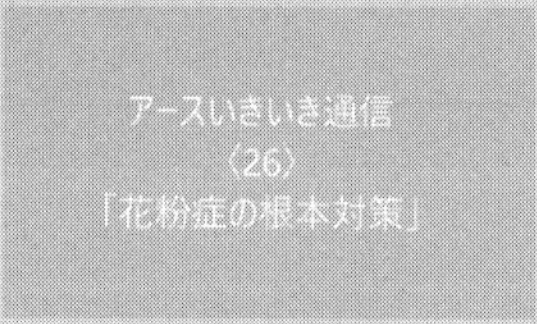

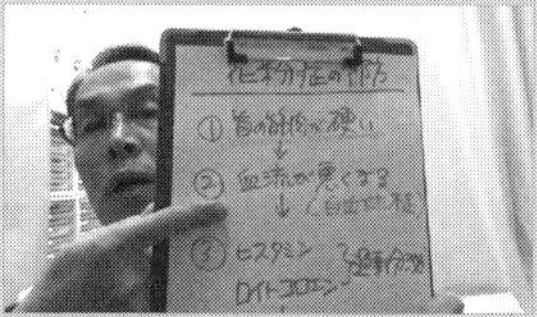

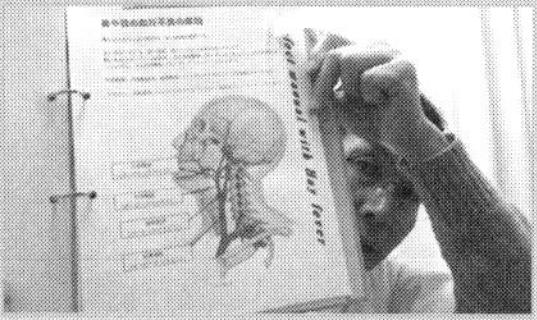

こちらもバインダーに手書きした文字情報、本なども表示しつつ、テーマに沿った解説をしてくれる治療院さん。動画は5分ほどあるものが多く、情報量は多めです。大型ディスプレイやホワイトボードがなくてもテーマを表示することは可能であることを教えてくれます。
http://youtu.be/OG4Sg4sktaM

無形サービス業の撮影①(税理士)
庄司会計協働事務所

1分ぐらいで専門分野のさまざまなテーマを話す形式です。商品がなく、知識が売りの人に向いているスタイルで、ディスプレイに情報が整理されて表示されるのでわかりやすく説明が聞けます。大量投稿もしやすくサムネイルもわかりやすくていいですね。
http://youtu.be/kCYiBP6NXb8

無形サービス業の撮影③(軽貨物)
(株)アート・プラ

運送業なので、知識を売りにしているわけではないものの、ディスプレイを活用してさまざまなテーマを話す動画が大量に投稿されています。このチャンネルは本業の仕事をとるためのものですが、もう1つ、人材採用(ドライバー)専門のチャンネルも運営されています。
http://youtu.be/2oq2x8sLxs8

六章

CHAPTER 06

YouTubeを購買の入り口にするには？

Business YouTube StartUp Guide!!!

YouTube動画投稿時の詳細設定

本章では、実際にYouTubeへ動画をアップロードする方法と、効果的な動画タイトルの付け方、導線の設計などを解説していきます。**動画のタイトルはGoogle検索時に上位表示させるために**、**導線はお客様から問い合わせをいただくために**、非常に大事な要素です。

YouTubeには、Googleアカウントを持っている人なら誰でも動画を投稿できます。YouTubeへアクセスし、画面右上のビデオカメラ型のアイコンから動画投稿をスタートしましょう。

タイトルや説明欄などは、あとから設定し直すこともできます。最初からベストなものを書こうとすると、そこで手が止まってしまいがちなので、投稿してから考えても大丈夫です。**継続的な投稿を第一に考えて、細かい設定は後で考える**、そんな優先順位で取り組みましょう。

YouTubeへの動画投稿の流れ

Googleアカウントを取得します

▼

YouTubeにアクセスして、画面の右上からログインします

▼

動画をアップロードします

▼

①タイトルの入力

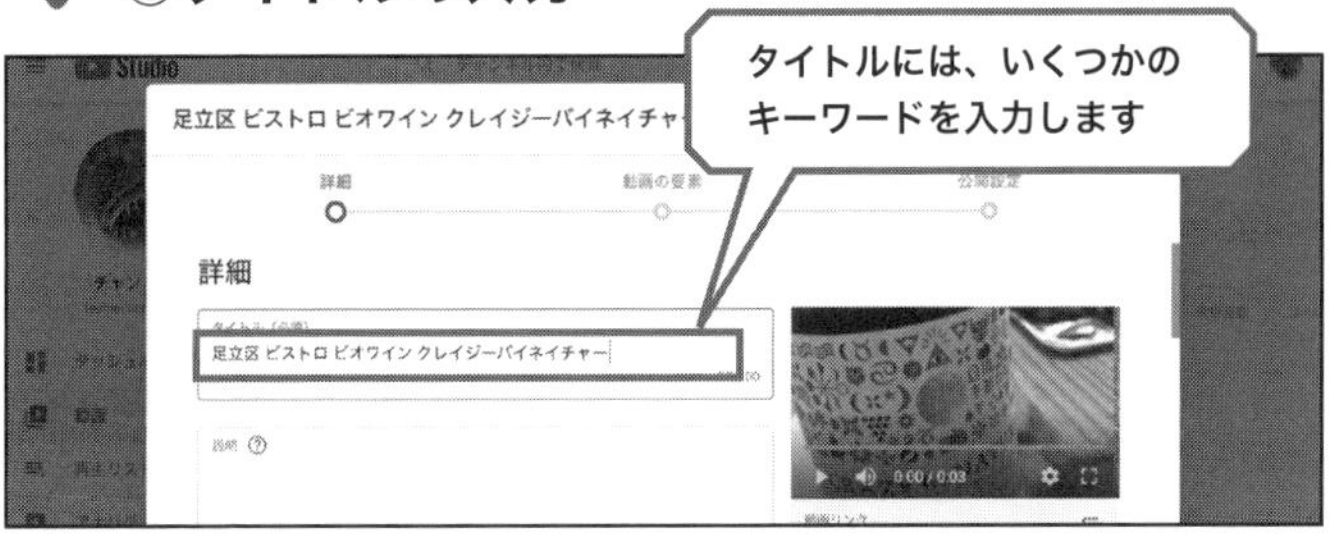

アップロードする動画ファイルを選択したら、最初に聞かれるのがタイトルです。こちらにタイトルとして入力するキーワードがGoogle検索の対象になりますので、一番重要な部分です。例として、東京・足立区でオーガニックワインを最大の売りにしたいビストロ店をイメージしました。

②説明欄の入力

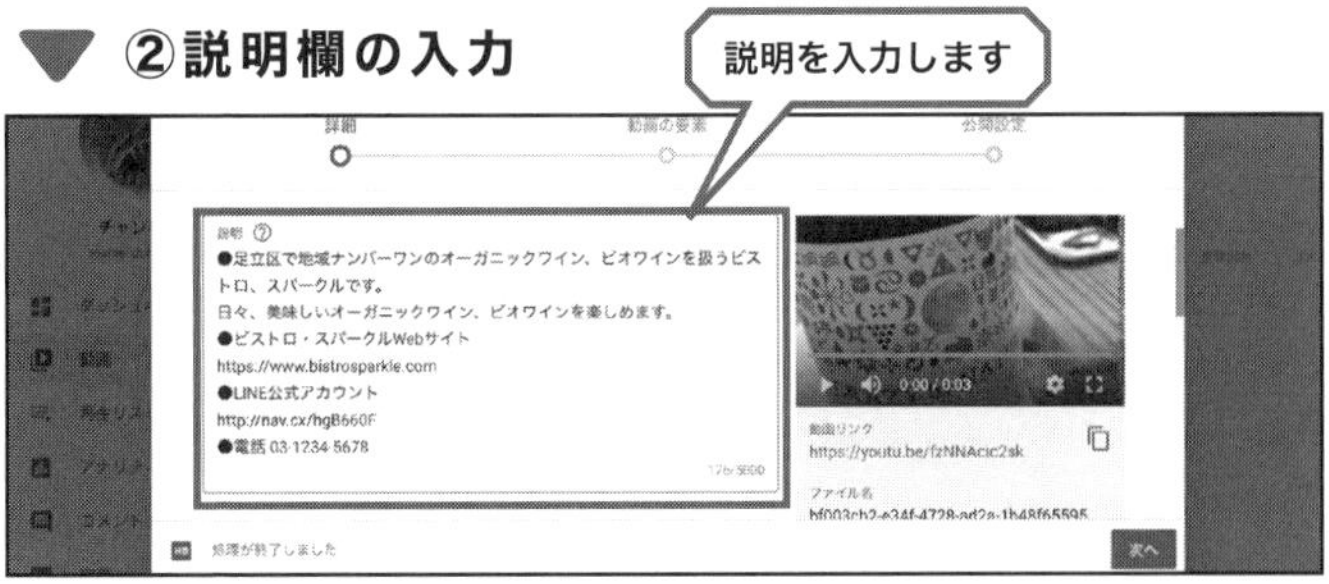

タイトルの次に重要になるのが「説明」です。ここに自社の公式サイトのアドレス、電話番号、そして公式LINEアカウントのURLなど、お客様が問い合わせをするための情報を入力します。
サムネイルの設定や再生リストへの追加も、この画面で行うことができます。

③対象視聴者の設定

子ども向けかどうかという選択と、年齢制限の設定があります。「いいえ、子ども向けではありません」を選択します。

④タグの登録

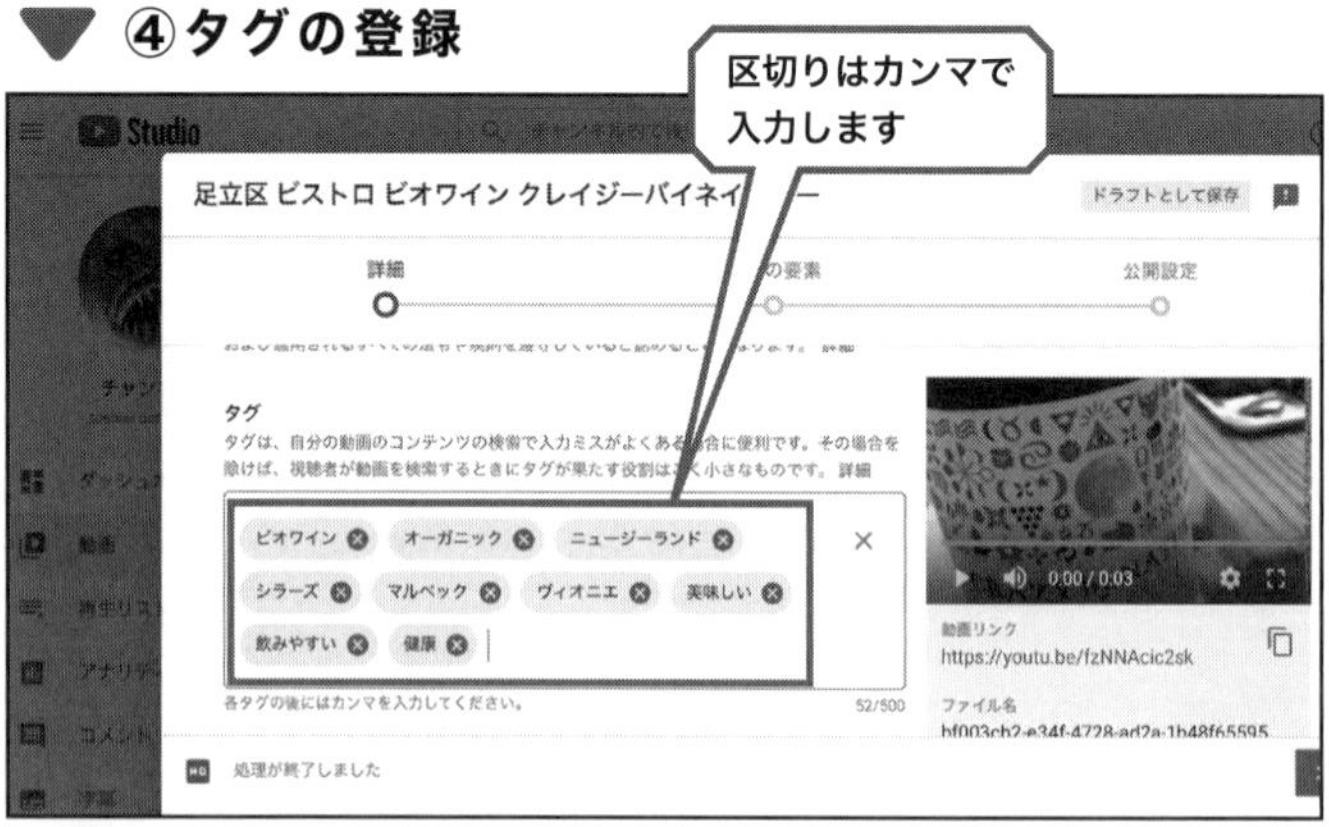

③の画面で「その他のオプション」を押して、画面をスクロールさせると「タグ」としていくつかの単語を登録できます。ここにはあなたの会社、商品やサービスを象徴するキーワードをいくつか設定するといいでしょう。検索対策にはなりませんが、同じタグが設定されている動画の関連動画として表示されやすくなります。

⑤「動画の要素」の設定

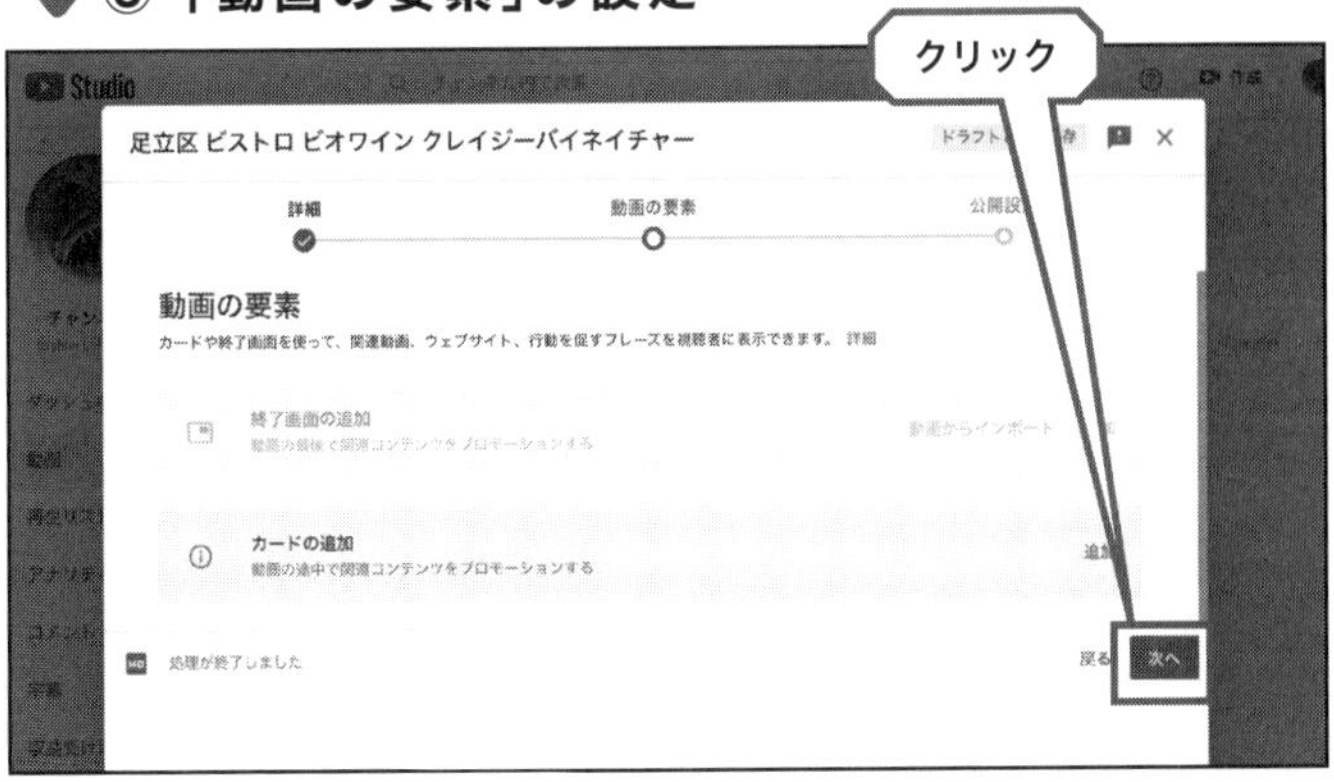

動画内へ表示させる別の関連動画などを設定できる画面です。ここは何も設定せずに「次へ」で構いません。後から設定することもできます。

⑥公開設定

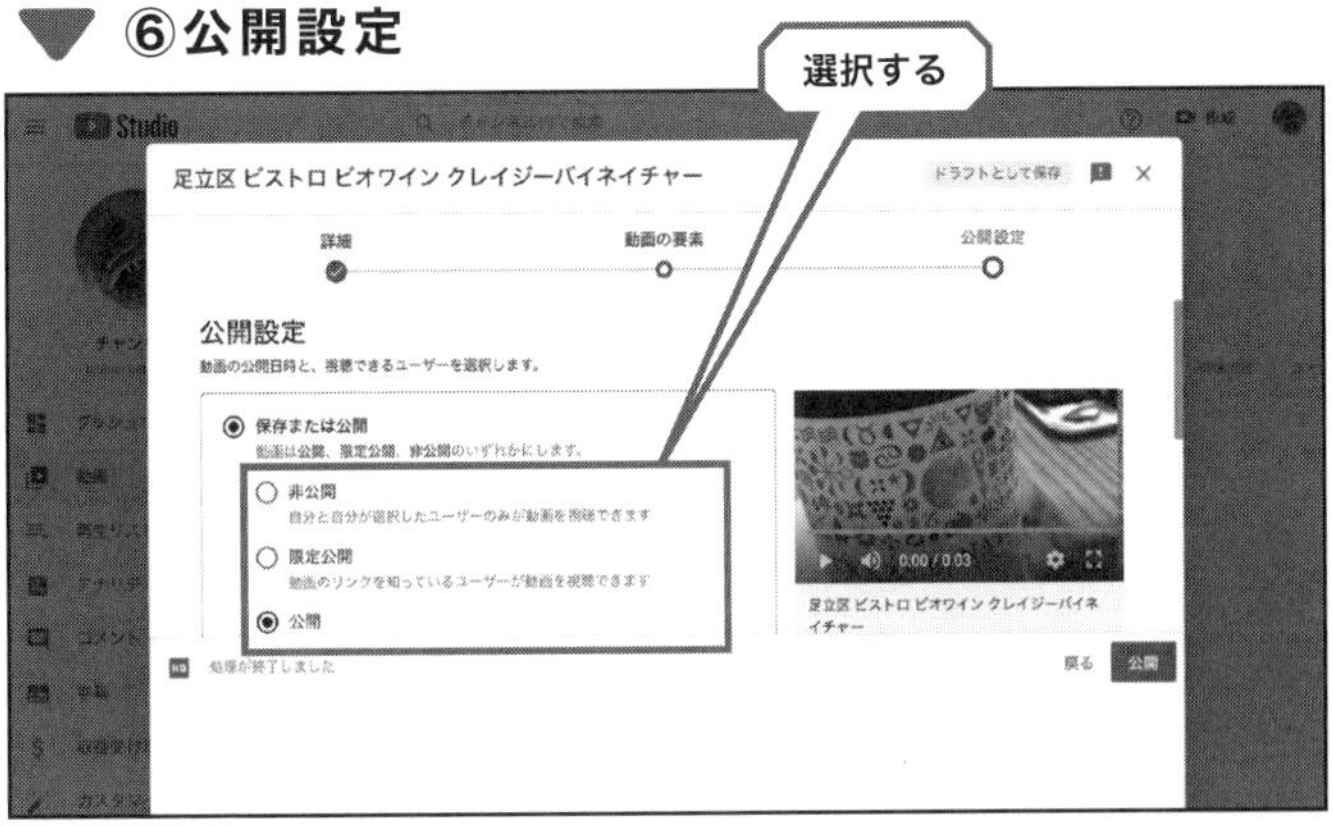

動画の公開範囲の設定です。集客用の動画を投稿する場合には、誰でも視聴できる「公開」のまま、特定の見込み客だけに送るクロージング動画などの場合には「限定公開」を選びます。あとは、YouTube側の処理が終われば動画の掲載は完了です。一般公開の場合は自分のチャンネルに表示され、Googleの検索にも次第に反映されるようになります。

タイトル設定の重要ポイント

タイトルには、**あなたの会社の見込み客が、Ｇｏｏｇｌｅで検索するときに入力するであろうキーワードを選びます**。自社の商圏エリアに関する言葉、商品サービスに関する言葉などを入力してください。複数の単語、短文を入力する際に、区切りとなる部分を半角のスペース、または「・」にしておくと、Ｇｏｏｇｌｅが単語や短文をキーワードとして認識しやすくなります。

タイトルに入れるキーワードは、あなたの会社を象徴するキーワードを複数並べて設定すると効果的でしょう。御社の商圏の地域名や御社の商品の特徴などを精査して、顧客視点のキーワードになるように意識をしてキーワードを設定してみてください。

タイトルには最大１００文字まで入力できます。ですが、あまりキーワードを詰め込みすぎるとＧｏｏｇｌｅ検索に反映されづらくなりますので、適度な数のキーワードを設定します。

その際、**動画の内容とタイトルは、厳密に一致させる必要はありません**。もちろん著しく乖離しているのは問題ですが、例えば「オーブンで自家製パンが焼ける」というタイトルを付けるとして、オーブンさえ映っていれば、パンは映っていなくても構いません。「そうした用途もあります」という事実から逸脱していなければいいのです。「パンが焼ける」というタイトルなら実際にパンを焼かなくては、と考えてしまうと、億劫になって行動が止まってしまいます。そこは「おおむね」で結構です。だからこそ、先輩の皆さんは大量投稿ができているのです。

チャンネルトップページ設定のポイント

チャンネルトップページは、本に例えると表紙のようなもので、視聴者の印象を左右する大切なものです。

特に重要なのは、画面上部に表示される「チャンネルアート」で、**ここは会社を象徴**

チャンネルトップページ

している写真であるべきです。写真1枚でもいいですし、明文化したUSPをキャッチコピー的に画像へ追加してもいいでしょう。自社サイトのメイン画像と同じような考え方です。

また、チャンネルアートの右隅にLINEアカウントやSNS、自社サイトなどへリンクした複数のアイコンを設置できます。こちらも重要です。

「チャンネル紹介動画」はプロモーションビデオのようなものです。ここは大量投稿用の動画とは異なり、ある程度作り込んで

自社のイメージを伝えるものにしてください。

その下にはアップロードした動画が並びますが、再生リストを用意すればグループ分けした任意の動画を表示させることができます。アクセスした人に特に見て欲しい再生リストを、上から優先度順に複数設定するといいでしょう。特に「お客様の声」の再生リストはお勧めですので、ぜひ作成して設定してください。

これらの設定変更は、チャンネルトップページにある「チャンネルをカスタマイズ」というボタンから行います。

チャンネルアートとリンク

チャンネルアートは、推奨されるサイズがあるほか、表示するデバイスによっては画像の上下左右が切り取られてしまいます。特に画像に文字を入れる場合は注意が必要になりますので、④の解説を参考にしてください。

リンクも導線として機能しますので、必ず設定しておきます。

チャンネルアートとカスタムリンクを設定する

①「チャンネルをカスタマイズ」から進める

ここからはチャンネル管理者のみ見える画面で紹介しています。「チャンネルのカスタマイズ」をクリックします。

② 鉛筆のボタンをクリック

チャンネルアートの右の鉛筆のボタンをクリックすると、「リンクを編集」と「チャンネルアートを編集」のボタンが現れます。

③ カスタムリンクを設定

チャンネルアートのページに載せられるリンク（カスタムリンクと呼びます）をこの画面で設定できます。

④ チャンネルアートを設定

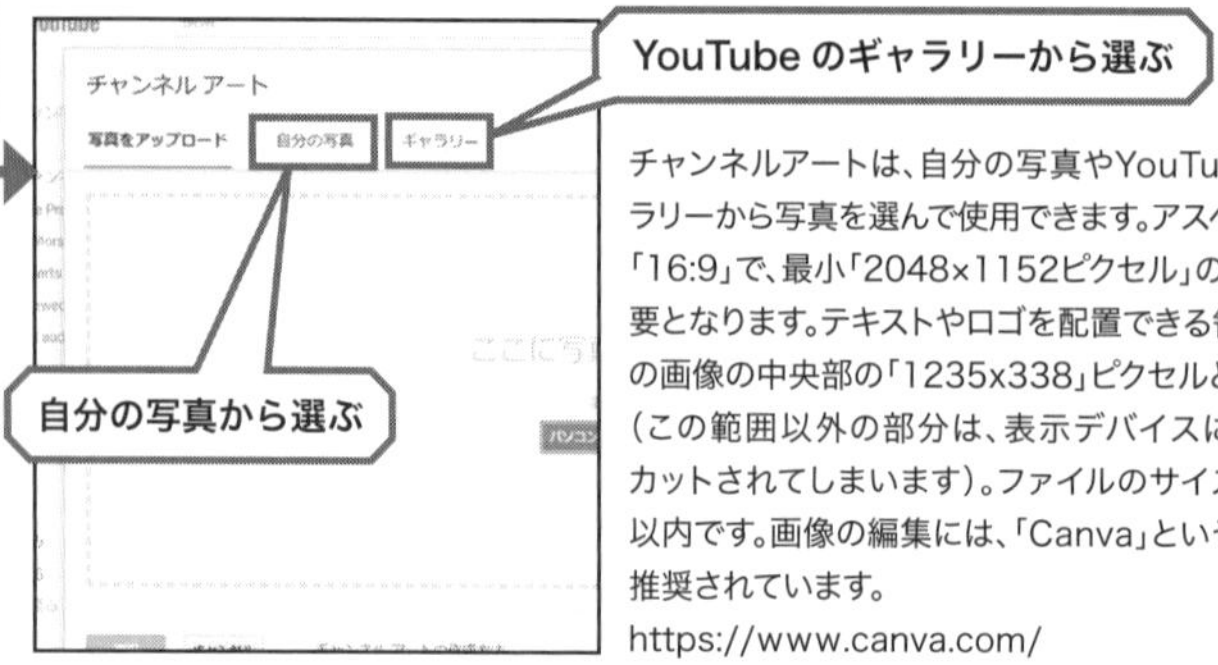

チャンネルアートは、自分の写真やYouTubeのギャラリーから写真を選んで使用できます。アスペクト比が「16:9」で、最小「2048×1152ピクセル」の画像が必要となります。テキストやロゴを配置できる領域は、その画像の中央部の「1235x338」ピクセルとなります（この範囲以外の部分は、表示デバイスによってはカットされてしまいます）。ファイルのサイズは6MB以内です。画像の編集には、「Canva」というソフトが推奨されています。
https://www.canva.com/

チャンネル紹介動画

チャンネル紹介動画には、チャンネル登録者向けの動画と、チャンネル登録していない新規の視聴者向けの動画の二種類を設定できます。もちろん同じ動画でも構いません。

セクションの追加

「セクションの追加」を選択すると、作成済みの再生リストをチャンネルトップページに追加できます。**「お客様の声」をまとめた再生リストなど、アクセスした視聴者に見て欲しい動画をグループ化し、追加してください。**

再生回数から自動的に動画がピックアップされる「人気のアップロード」なども選べますが、どちらかといえばユーチューバー向けの機能です。あくまでも集客効果を意識した構成にしてください。

チャンネル紹介動画は2種類設定できる

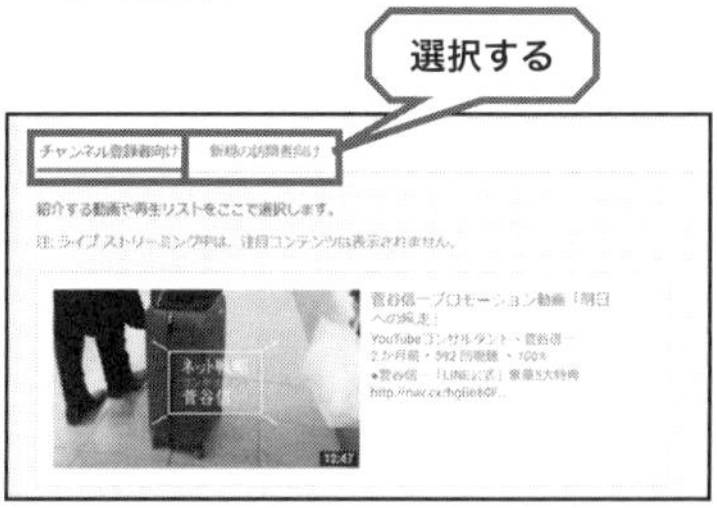

すでにチャンネル登録をしている人向けの動画と、新規の視聴者向けの動画の2種類を設定できます。

チャンネルトップページに再生リストを表示する（セクションの追加）

① セクションを追加する

画面を下までスクロールさせ、「セクションを追加」ボタンが表示されたらクリックします。

② コンテンツを選択する

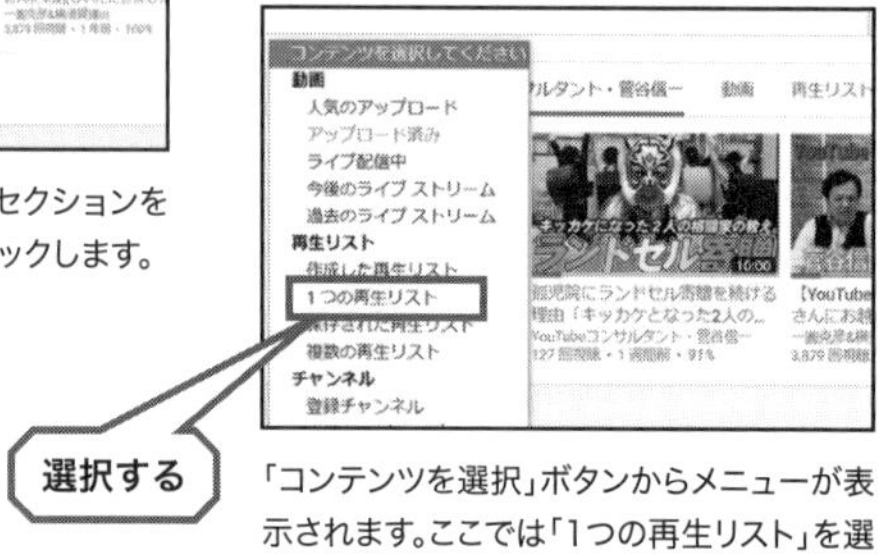

「コンテンツを選択」ボタンからメニューが表示されます。ここでは「1つの再生リスト」を選択します。

③ 再生リストのURL を入力

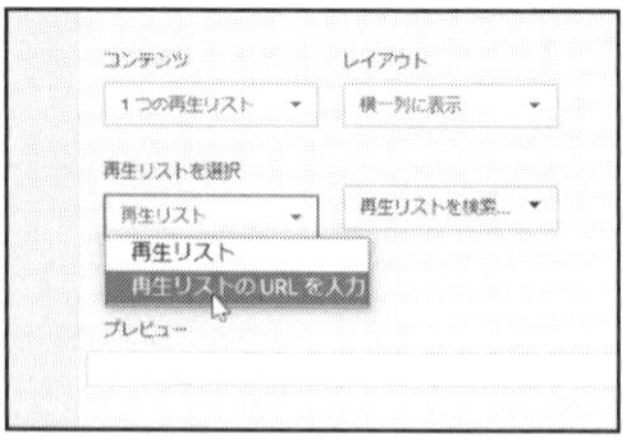

次に下のボタンで「再生リストのURLを入力」をクリックします。

④ 表示させたい再生リストを選択

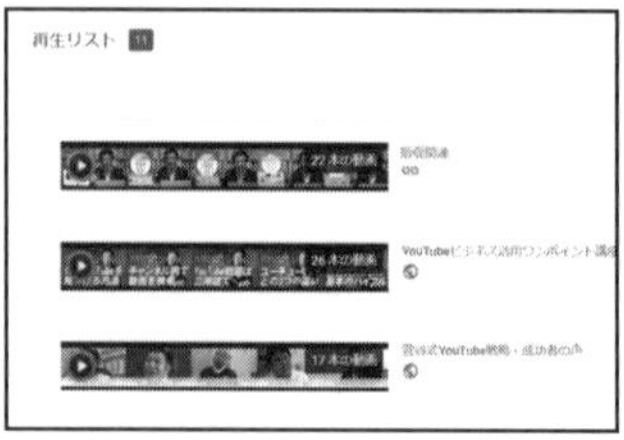

表示させたい再生リストを選択します。

再生リストによってできること

「再生リスト」は、投稿した動画をグループ分けする機能です。再生リストには3つの効果があります。

まずは、**たくさんある動画をテーマごとに整理できる**ことです。

次に、**お客様へ伝達しやすくなる**という効果があります。例えば、お客様へ10本の動画をお見せするという時に、10本の動画のアドレスを10行書いてメールで送るというのは、あまりスマートではありませんし、手間もかかります。その10本の動画を再生リストで整理しておけば、リストのアドレスを1つ送信するだけで済みます。

そしてもうひとつは重要です。**再生リストにもタイトルをつけることができます**。そのタイトルも動画と同様に、検索の対象になるのです。1本1本の動画をGoogle検索に反映させると同時に、ぜひ再生リストも活用するべきです。再生リストにも、動画タイトルと同様の考え方で適切なキーワードを入れておきましょう。

再生リストの作り方の流れ

① 新しい再生リストを選ぶ

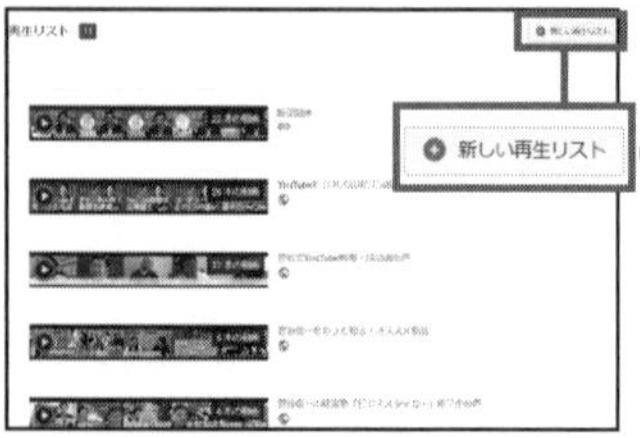

右上のメニューから「YouTube Studio」に進み、左のサイドメニューから「再生リスト」を選びます。ここで「新しい再生リスト」を選びます。

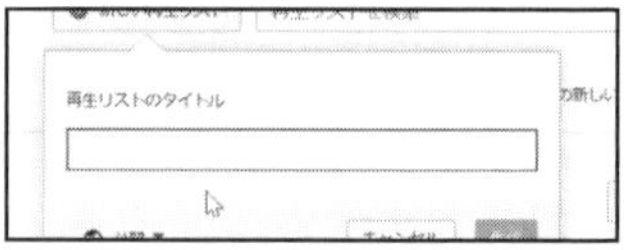

再生リストのタイトルを入力します。このタイトルも動画のタイトルと同様にGoogle検索の対象になります。

動画公開の対象を設定します。

② 再生リストが作成された

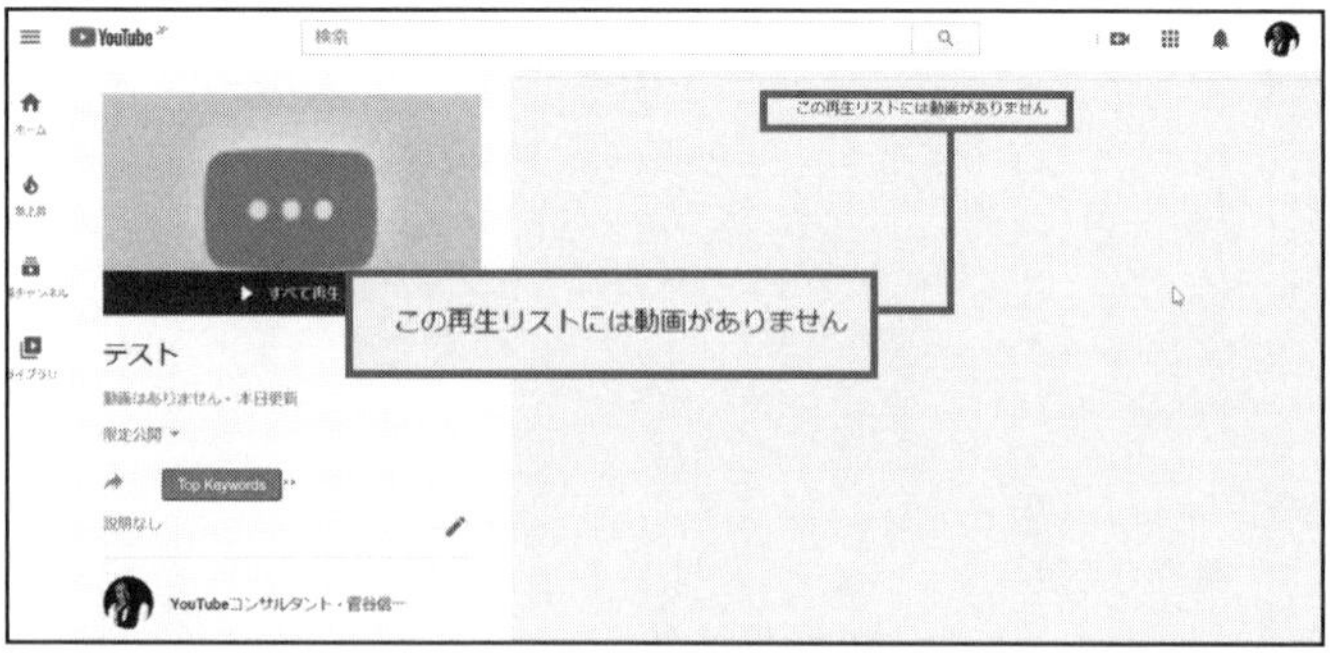

この時点でリストの枠が作成されました。「この再生リストには動画がありません」と表示されている通り、まだ動画がないので次にリストに入れる動画を選択します。

③ 動画の再生画面から リストに入れる

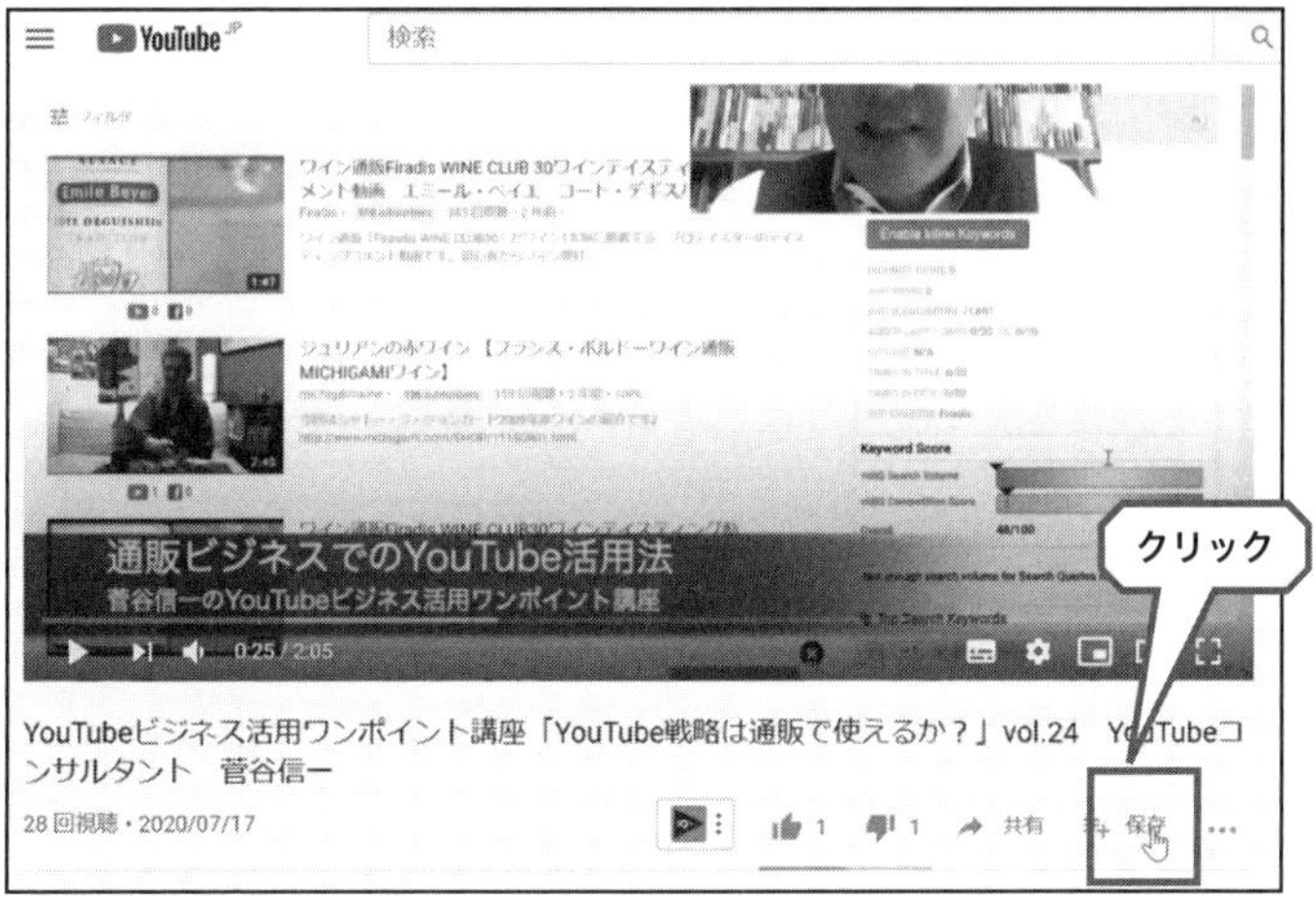

再生リストに入れたい動画の再生ページを表示させ、動画の右下の「保存」ボタンをクリックします。

④ 再生リストを選ぶ

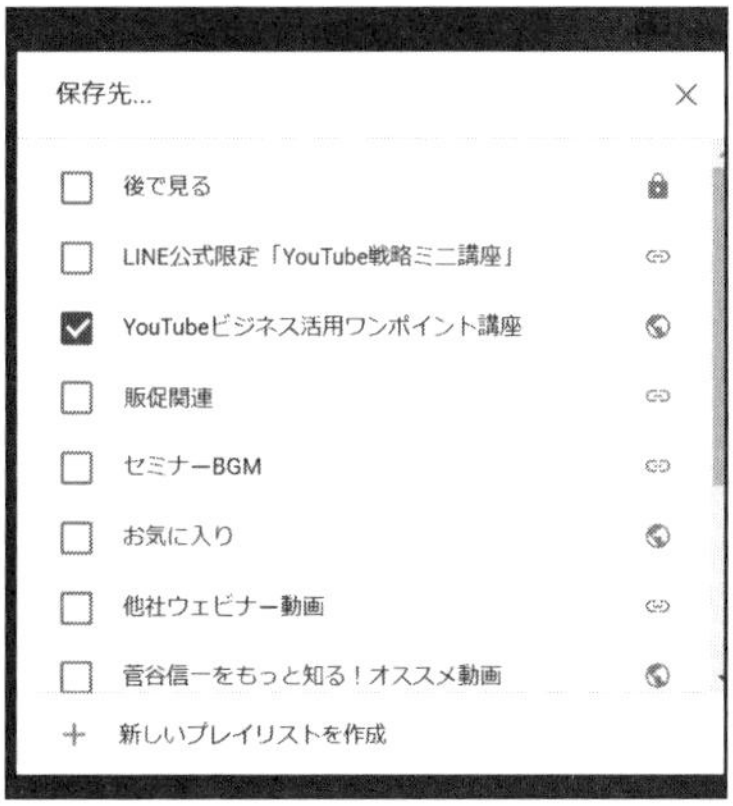

入れたい再生リストを選びます。複数の再生リストに入れることも可能です。

YouTubeに誘導する6つの導線

投稿した動画がGoogle検索に反映されたら、さらにネット上で露出を拡大させるために、導線を設計していきましょう。

Google検索によらないYouTubeへの誘導方法です。具体的には以下の6つの方法があります。

- **自社サイト**
- **公式ブログ**
- **Facebook**
- **Twitter**
- **LINE公式アカウント**
- **広告などの紙媒体**

このうち、自社サイト、公式ブログ、Facebook、Twitterの4つは問題なくご理解いただけると思います。それぞれ、リンクや埋め込みで自社のYouTube動画へ誘導するという方法です。

LINEを使った誘導では、企業向けの「LINE公式アカウント」の一斉配信の機能を使います。配信の中で一本の動画を紹介すると、その動画をアピールすると同時に、他の複数の動画にアクセスしていただく可能性が生まれます。配信はプッシュ通知されますので、あまり高頻度だと敬遠されてしまう恐れがあります。週に1回程度の配信を目安にしましょう。

また、ここでは紹介していませんが、折り込み広告やパンフレット、名刺といった紙媒体では、**QRコードを印刷**することで自社のYouTubeチャンネルへ誘導できます。

公式ブログからの誘導

輪島漆器仏壇店

https://wajima-100.info/blog/

公式サイトの中にあるWordPressで作られたブログです。ここにもYouTubeが埋め込まれています。いろいろな方面で自社媒体からYouTubeへのリンクを貼っていますね。

自社サイトからの誘導

輪島漆器仏壇店

https://wajima-100.info/

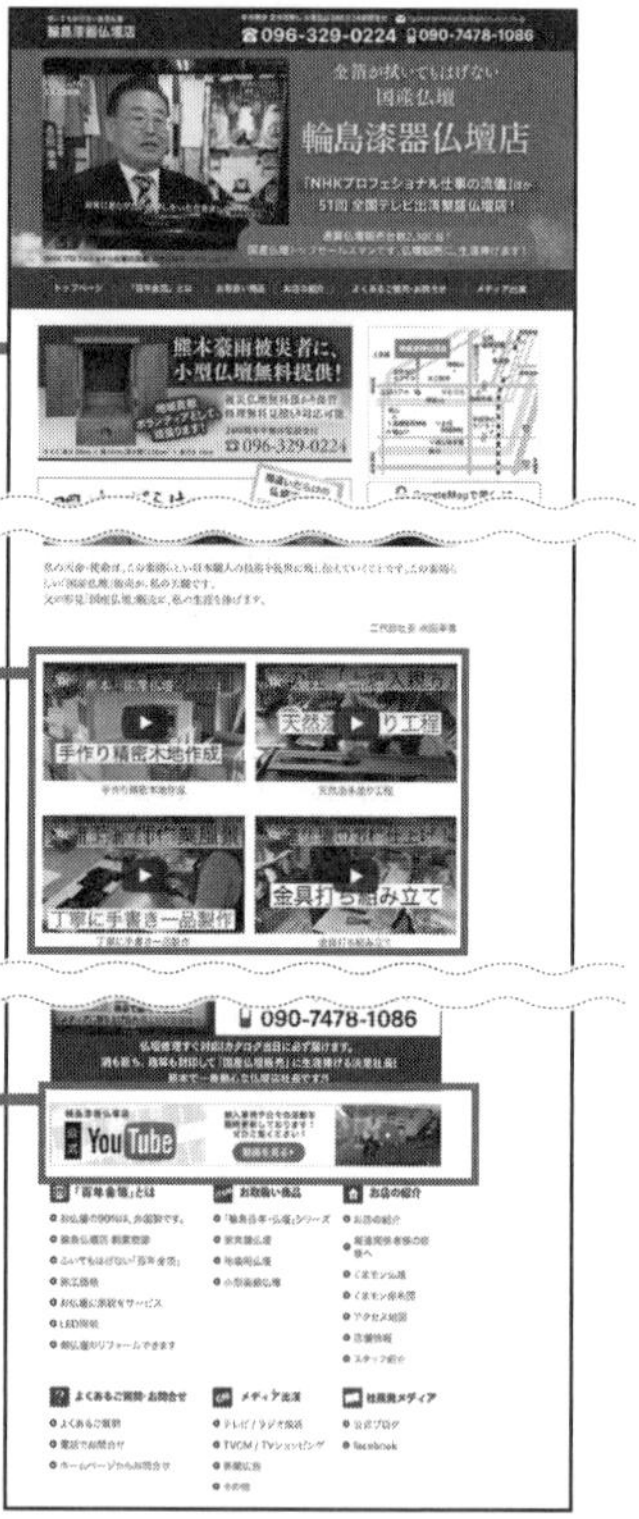

画面の下部の方にYouTubeへのリンクがあります。途中にYouTube動画が画面に埋め込まれている部分も上手く機能してますし、画面の下にはチャンネルのリンクがきちんと貼られています。こういった輪島漆器仏壇店さんのようなバナーを設けるといいでしょう。

LINE公式アカウントからの誘導

菅谷信一LINE
公式アカウント

https://line.me/R/ti/p/%40sii1537c

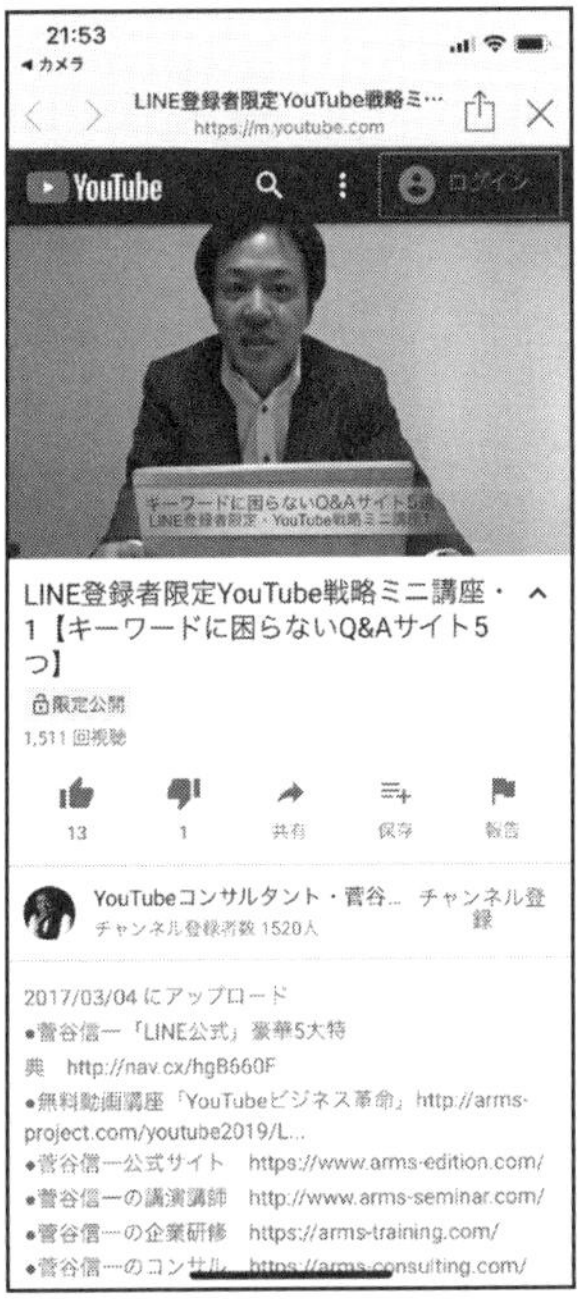

ライン限定のお役立ち動画として週2回配信しています。これも再生リストが組まれてますので、LINE公式アカウントの読者の方には、このバックナンバーの再生リストもご覧いただくことができています。

Facebookからの誘導

菅谷信一 Facebook

https://www.facebook.com/shinichi.sugaya1

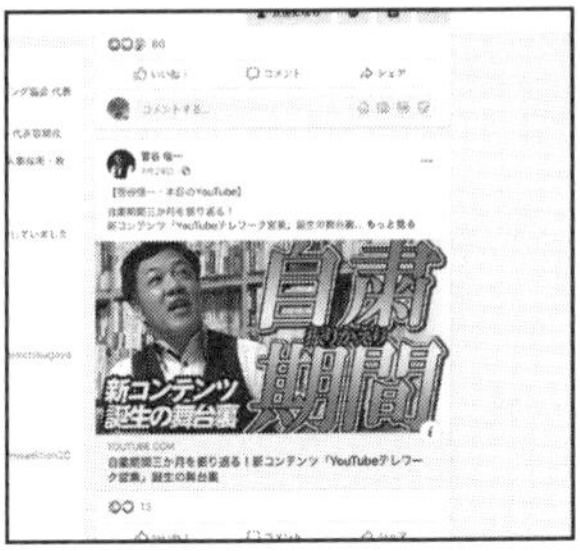

これは私の事例です。私も自分でYouTube投稿すると必ずここで紹介しています。

Twitterからの誘導

川越夫婦の不動産
『きづな住宅』川島 大

https://twitter.com/kizuna_home

きづな住宅は適宜自分が精力的に投稿してるYouTube動画を、Twitter上でも紹介して、露出拡大に努めています。

見込み客を納得させるUSP訴求型公式サイト

YouTubeから自社サイトへの誘導を果たした後に、もっとも重要となるのは**「ライバル会社と何が違うか」というUSPがきちんと訴求できているか**どうかです。クロージング動画を撮影するにあたっては自社のUSPを明文化しましょうと述べましたが、その明文化したUSPや「選ばれる5つの理由」といったポイントをトップページの上部などに表示し、同業他社との違いを明確にして訪問者にアピールしてください。

USP訴求型公式サイトの事例

きづな住宅の例を見てみます。きづな住宅だけがお客様に提供できる価値をきちんと訴求できています。

「家族が幸せになる3つの理由」、「あなたの幸せのために6つの相談にお答えします」、それに「賃貸経営ミニ講座」など、**同業他社では訴求できないポイントを重点的にPR**

しています。契約を取れればいいということではなく、入居者の方やオーナー様の幸せを前提にした個別サポートを丁寧にします、**大手の不動産会社にできない一対一のきめ細かな対応をしますということがアピールできています。**「お客様大満足の声」や「賃貸経営・劇的改善事例」も安心感を与えます。

　このように、同業他社と異なるポイントや自社だけが提供できる価値について、自社サイトへ誘導した見込み客の視点に立ったコンテンツを掲載しているからこそ、きづな住宅は地域で一番の座を不動のものにしているのです。

USP 訴求型公式サイト

きづな住宅

http://kizuna-home.jp/

何を強調すべきかが的確に整理され、とても見やすく配置された公式ページです。

成約率を高める自社媒体の共通ブランディング

公式サイトばかりではなく、ブログやFacebook、Twitter、LINEなど、マルチチャネルで自社のアピールに取り組まなければいけません。しかし、**各媒体の中で訴えるメッセージに一貫性がないと、お客様に不信感を与える**ことになってしまいます。

さまざまな媒体で展開する上では、押し出すメッセージやUSPには共通したイメージを持たせること、つまりブランディングが必要です。ブランディングは、**ロゴやデザインに限った話ではありません。企業理念や提供できる価値、そうしたものに一貫性を持たせ、浸透させるのもブランディング**です。

各媒体での共通したブランディングを意識すれば、お客様により強くメッセージを伝えることができるでしょう。

七章

CHAPTER 07

顔出しせずとも
モノは売れます！

Business YouTube StartUp Guide!!!

事情があって動画で顔を出したくない方や、恥ずかしいので顔を見せたくないという方もいらっしゃるでしょう。私がコンサルティングした方にも、実際に何名かいらっしゃいました。

だからといって、YouTubeを活用しないのは本当にもったいないことです。**一切顔を出さなくても動画は撮れます**ので、ぜひ本章を参考にトライしてみてください。

最初は単なるスライドショーでもいい

企業のビジネスYouTubeへの関わり方には5つの段階があります。

まず、YouTubeのビジネス活用に注目が集まっているのに、一切関心を向けない企業、これが一番下の5段階です。

4段階の企業は、関心はあるものの動画を視聴しているだけ。下から2番目です。

真ん中の3段階は、1本でもいいのでYouTubeへ投稿したことがある企業です。顔出しなしでも、スライドショーだけでも、内容は問わず一歩踏み出して行動した企業です。

そして2段階は、大量投稿を実現している企業です。具体的には、1日3本、年間1,000本の投稿が継続できている企業になります。この本の読者には、この2段階以上になっていただきたいと思います。

一番上の1段階は、限定公開動画を事業の中でフル活用している企業。高度にYouTubeをビジネス活用している企業になります。最終的には、ぜひここを目指してください。

ということは、**投稿さえできていれば3段階目には到達できる**のです。中小企業のYouTube活用の実態を見ると、5段階、4段階にいる企業が大半です。さすがに5段階は現在減りつつありますが、中小零細企業のほとんどの経営者や担当者はYouTubeを「見ているだけ」です。「YouTubeは娯楽」という先入観が根強く、仕事の武器にするという発想がないのです。

そのような現状の中では、たった1本投稿するだけで「見ているだけ」の無数の企業よりも先の段階へ行くことができます。最初は単なるスライドショーでも構いません。**形はどうあれ、一歩踏み出してみてください**。

「ノー顔出し」① 作業風景を見せる

作業風景の撮影については5章でも触れましたが、固定カメラやウェアラブルカメラで手元のみを撮影すると顔を映さずに済みます。小さなものの製作や修理はもちろん、調理などにも向いています。

カービング教室をやっているカービングプラスの海老原さんの事例では、石鹸へ彫刻を施していく様子を固定カメラで撮影しています。手作業系の業務ではこのように腕前を見せていく撮影方法があります。

誉工業所の例では、金型を加工する機械の様子を撮影しています。従業員には見慣れた光景かもしれませんが、こうした**現場の映像は、顔を出さなくとも確かな仕事ぶりを伝える**手段になります。

作業風景を見せる撮影例①　カービングプラス

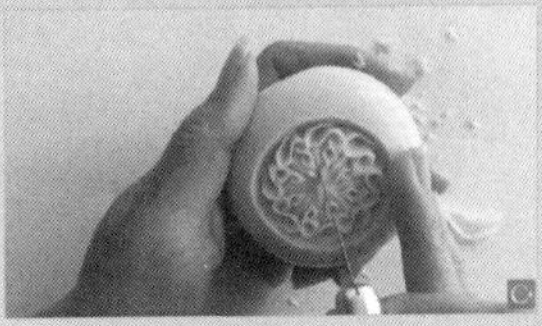

「ソープカービング【簡単すぐ出来る】小さい薔薇とS字の応用」

石鹸へ彫刻を施していく様子を撮った動画です。白い背景と影を作らない照明で、石鹸への彫刻の丁寧な仕事ぶりがよくわかります。細部までよく見えます。

カービングプラス

http://youtu.be/nQUAs43mphw

作業風景を見せる撮影例②　誉工業所

「アルミ鋳物金型　入れ駒を多用した金型の加工注意点」

金型の加工をする機械の動画です。金型の出来ていく流れがわかります。誉工業所の場合は、最初に顔を出しての挨拶部分がありますが、必要なわけではありません。

誉工業

http://youtu.be/R5-Apvl9tM4

「ノー顔出し」② ナレーション型動画

顔は出さないまでも声は出すというパターンです。カメラ自体は商品に向け、その商品についてワンポイント解説をするなど、さまざまな方法が考えられます。手に取れる商品であればさまざまな角度から見せることもできますし、大型の商品や不動産なら、カメラ

ナレーション型動画
きづな住宅

「家賃5万円台で本気で子供と暮らせる川越市のアパート」

カメラを持って住宅内を見て回る動画です。住人の視点で見えるのがポイントです。時折、手や指が入るのも意図が伝わりやすくていいです。また、声だけでも印象は伝わります。

きづな住宅

http://youtu.be/ACB3ySmXlyI

を持って移動しながら撮影すれば、面白い表現もできるでしょう。

アイデア次第でどのような動画も撮影できますが、**考え方としては顔出し動画と同様です**。カメラの前で話すか、後ろで話すかの違いでしかありません。

「ノー顔出し」③　Zoomを活用する

コロナ禍の中で注目を集めたZoomも、YouTubeで活用できます。といっても、リアルタイムのリモート会議や生放送に使うわけではありません。Zoomの機能のひとつである画面録画機能を使うと、パソコンのデスクトップの様子を動画ファイルとして保存することができます。それをYouTubeへアップロードするというわけです。

例えば、あらかじめ作っておいたスライドを切り替えながら内容について1～2分話す、といったことができますが、これは5章でお伝えしたホワイトボードやモニターの活用を、パソコンの画面に置き換えた形です。**これならノウハウ系の業種でも顔を映さずに収**

録できます。

自社で運営しているサイトやブログを画面に映しながら、その内容を紹介しても結構です。ブログが記事の公開だけで終わるのはもったいないので、それをネタにして1本動画を撮ってみましょう。

私も実際に、PowerPointのスライドを元にした独自の動画教材を作る際に、Zoomの画面録画機能を使っています。私はレンズを自分に向けて顔も一緒に入れていますが、カメラをオフにすれば顔を映さずに画面を録画できます。

Zoomを活用した動画の例

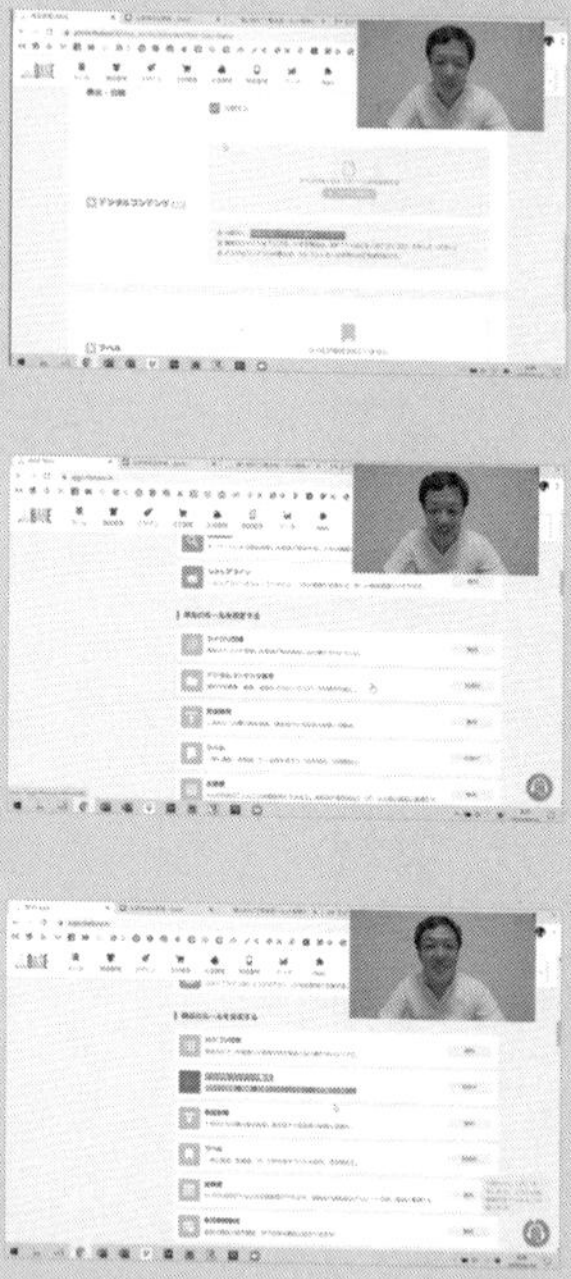

Zoomの便利な機能である録画機能を使えばブラウザ、各種アプリなど、パソコンで扱えるさまざまな素材を簡単に動画にすることができます。カメラをオフにすればパソコン画面と音声だけの動画にできます。Zoomは無料プランでも録画機能を使うことができます。

「ノー顔出し」④　写真のスライドショー

フィルム、デジタル問わず、商品写真、現場の記録写真など、企業には何かと写真という財産があるはずです。それらを組み合わせてスライドショーにすれば、立派な動画コンテンツにできます。

鐘百繊維工業は、社歴100年を超える老舗のTシャツメーカーです。サークルやイベント向けのオリジナルプリントを小ロットで受注しているため、過去に収めた写真が社内に大量にあるのですが、これをそのままスライドショーにして大量投稿を実現しています。

函館の貸衣装店のギャラリーM·a·kでは、写真と動画を組み合わせています。**お客様にお願いしてドレスや着物姿を撮影しており、スタッフは顔を出していません**。英語のタイトルの動画を経由して海外からの問い合わせも来るそうです。観光業は厳しい時期ですが、このように**過去の資産を活用すれば、歩みを止めずに投稿を進めることができます**。

なお当然のことながら、お客様など社外の人物の写真を使用する場合、個々に許可を得る必要があります。お客様を撮影するときには、申込書などで動画素材にしていいか許諾を取るといいでしょう。

写真のスライドショーを使った動画①
鐘百繊維工業

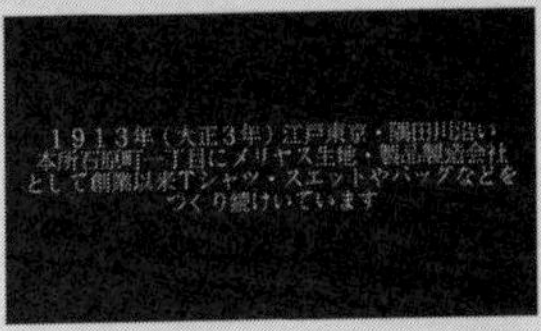

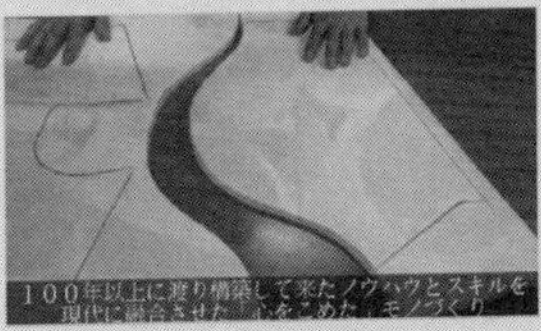

「Tシャツ　クラス　クラブ　チーム　部活」

グループ向けの小ロット・Tシャツの動画です。テキストと画像のみで構成されています。染料やさまざまな機械、Tシャツを着たグループの画像などさまざまな写真が登場します。

鐘百織維工業

http://youtu.be/_0Zef0vuX3Q

写真のスライドショーを使った動画②
函館 和・洋モダン貸衣装館　ギャラリーM.a.k

「女子旅　北海道　函館　刺激的な体験　ドレスがかなえる憧れ」

函館の貸衣装館での衣装をまとった人物の動画です。動画と静止画が上手く融合した編集をされています。お客様が皆、笑顔で写っているのがとても印象がいいです。

ギャラリーM.a.k

http://youtu.be/dXwu_uX3UDc

とはいえ、理想は顔出しです

潜在顧客が何をもって企業を信用するかというと、商品もさることながら、やはりその会社の「人」です。そうした意味で、本来は顔を出して収録していただきたいところです。実際に、顔出しなしの動画よりも、顔出し動画の方が好反応になります。

特に高価な買い物になる場合は、担当者の人柄が重要視されます。同じ会社で同じ商品を同じ値段で売っているのに、営業マンの成績に差がつくのはそういうことです。

アフターコロナの時代は、経済、金融が少しずつ縮小に向かうかもしれません。もしそのような時代が本格的に到来したら、少ないお客様の奪い合いになるでしょう。「商品三分に売り七分」という言葉があるように、**「同じ商品ならこの人から買いたい」**とお客様に思っていただかないと生き残れません。

1章で紹介したSUZUKI MOTORSですが、実は商品はあまり安くありません。鈴木社長も「安い」「お買い得」といった言葉は一切使っておらず、淡々と商品のポイントや、こうした人に乗って欲しいということを語っています。**他店より高くてもこの人から買おうとお客様に思わせるのが、顔を出すメリット**です。もし鈴木社長が顔を出していなかったら、これほどまでに業績は伸びていなかったかもしれません。

顔を出さないほうがいいパターンもあります。例えば若い女性向けのキラキラとした商品の紹介に人物が登場すると、商品やブランドのイメージを損ねてしまう場合もあります。ビジュアルを優先するために顔を出さないほうがいいこともあります。また、特に女性の中には、身の安全という意味で顔を出すことに抵抗がある方もいるでしょう。

そうした例外を除けば、やはり顔を出すのが理想ではあります。しかし、それが難しい方も、どうぞ歩みを止めてしまわないようにしてください。そのために、顔を出さない動画収録の方法をご紹介しました。また、これらの方法を使う場合も、**商品そのものよりも人柄や提案を売るスタイルを意識してください**。それができるのが動画の強みです。

少なくとも、顔も声も出さなくても「3段階目」に進むことができるのです。

八章
CHAPTER 08

動画を毎日更新するための省力ワザ

Business YouTube StartUp Guide!!!

本章では、大量投稿を毎日続けていくための環境の整え方や、心構えについて述べていきます。

ミニ撮影スタジオの設置

まずは、会社の中に撮影スペースを設けることをお勧めします。

では会議室が片付いているからそこで収録しよう、ではいけません。**あなたやあなたの会社は何のプロフェッショナルなのか、動画の背景からも伝えるべき**です。そこも加味して、ベストな撮影場所を決めましょう。

例えば、料理の専門家なら撮影場所はキッチンであるべきで、背景には調理器具が映っているほうがいいでしょう。住宅会社ならショールームもいいでしょうし、製図台などを背景にしても絵になります。自動車関係なら、ガレージや整備工場内に撮影スペースを作ってもいいでしょう。テレビで大学教授などの専門家が自宅や職場から出演する際、背景に学術書のような書籍が大量に並んでいますが、**自分の立ち位置やキャラクター、何の専門家かということを背景で表現している**わけです。

また、自宅が事務所を兼ねている事業者の方だと、専用スペースを設けるのは難しく、見せたくないものが映り込んでしまうといった事情もあると思います。そうした状況では、撮影用のロールスクリーンを活用するのがお勧めです。手軽に設置できますし、生活感を消したり、映したくないものを隠すのも簡単にできます。

ただ、背景で何の専門家なのかを表現できるというところがポイントなので、不要な物を隠すばかりではなく、必要なものを前面に出すこともすべきです。あなたの仕事を象徴する小道具を置くなど工夫をしてみてください。

そのように**一定のスペースを撮影スタジオとして決めておく**と、毎日そこで動画を撮影するという習慣化につながります。

動画の背景から自分の専門分野を伝える

菅谷信一の撮影スペース。本棚にはぎっしりと書籍が詰め込まれている。背景は自分の専門分野をアピールでき、動画の説得力を増すことができるでしょう。

ロールスクリーンは便利！

背景を簡単にスッキリさせられるロールスクリーンは便利です。本棚を出す必要がないときはこのように下げて使用します。

背景用の布は多様なものが販売されています。この製品は1.8m×2.8mで、ポールを通せる穴が用意されているタイプです。

モスリン 折り畳める背景布「白」

価格：2,349円（Amazon）

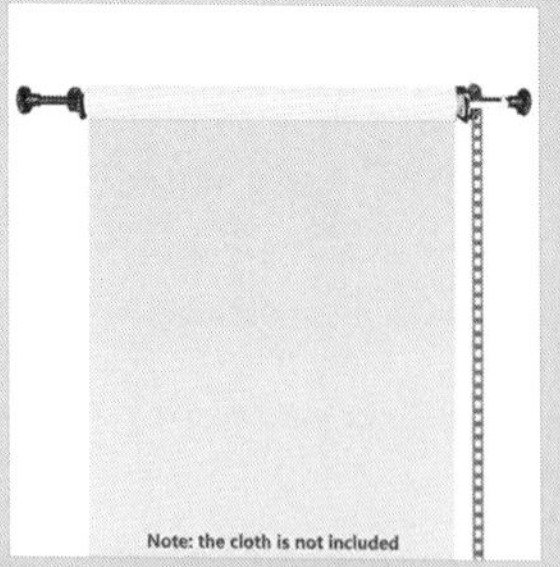

ロールスクリーンを固定する装置もいろいろあります。この製品は「突っ張り棒」のように壁に固定するタイプです。

NEEWER 撮影用短軸 背景サポートシステム

価格：3,618円（Yahoo!ショッピング）

ライティングと音にも気を使う

友人のモデルさんから聞いた話です。撮影のために現場に入り、一番最初に頭を下げに行くのは監督、では2番目に頭を下げに行く人は誰だと思いますか、と聞かれました。私は「相手役の人ですか？」と答えたのですが、照明さんなのだそうです。**どんな善人でも、光の量が足りないと悪人にも見える**とのことで、モデルや俳優はそれくらいライティングを意識しているのです。

プロのモデル並みにとまでは行かなくても、程よい光が当たるように、自然光で足りなければライトやレフ板も用意するといいでしょう。**少し顔が明るくなるだけで印象は大きく変わります**し、顔を出さない場合でも薄暗い動画よりは明るい動画の方がいい印象を与えます。

加えて、余計な音が入らないよう、静音、防音にも気を使いましょう。雑音は単純に耳障りですし、話が聞こえづらいと視聴者に不要なストレスを与えてしまいます。

低価格なビデオ撮影用ライト

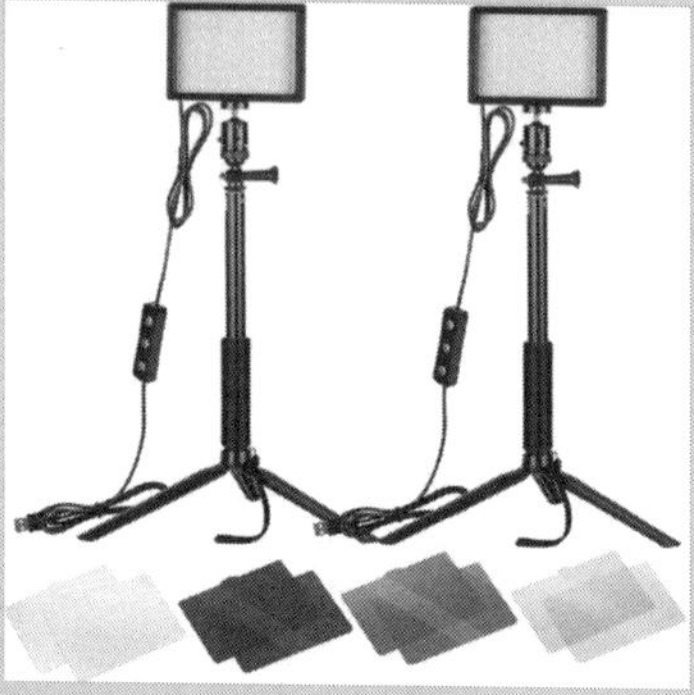

2つセットで購入できる低価格なビデオ用ライトです。三脚もついているのでベストなアングルを設定してセッティングできます。
NEEWER 5600K USB LEDビデオライト
価格：4,299円（Amazon）

ビデオカメラ、一眼レフカメラ、スマホに対応したマウントも付属したビデオライトです。固定カメラでない撮影の場合はこのタイプのものも便利でしょう。
Ulanzai Official 2000mAh LEDビデオライト　価格：2,588円（Amazon）

複数カメラ設置による3倍速収録術

撮影の手間は1回、動画生成は3倍という裏技的な方法です。

角度を変えてカメラを3台置くと、1回の撮影で3本の動画が撮れます。私自身も、2時間の講演会で正面・右・左と3台カメラを置き、合計6時間分の動画を収録したことがあります。それを2分間にぶつ切りにすると、180本もの動画を生成できるわけです。

同じ動画の投稿はYouTubeのシステムに弾かれてしまいますが、別角度からの撮影なら問題ありません。それぞれ異なるキーワードでタイトルを付

カメラを3台使う

カメラを3台使った場合のセッティング例です。角度、距離に加え、カメラ自体も変わるので、撮れる映像はだいぶ変わります。

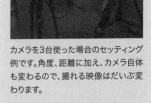

ければ効果も3倍です。超大量投稿を目指すならこうした方法もあります。

複数のカメラを使うことには、もうひとつ利点があります。**カメラ1台では絵が単調になりますので、編集で別角度からの映像を差し込むこともできる**ようになります。

あくまで超大量投稿を目指すか、多少編集の手間をかけてもある程度のクオリティを持たせるか、そこは判断が分かれるところですが、カメラは1台よりは2台の方ができることが増えるのは間違いありません。

基本台本パターンの策定による効率化

ビジネスYouTubeはユーチューバーとは異質のものだと一貫して申し上げてきましたが、ユーチューバーに学ぶべき点もあります。動画撮影の台本パターンがあるということです。

例えば、決まった挨拶と「今回は何をしようと思います」というオープニングから本題に入り、最後に結論を述べて、決まった結びのメッセージで動画を締めています。このように**構成をパターン化して取り組んでいるユーチューバーが多い**のです。特に、最初に目的を述べる点は優れています。

積極的に見習うべき点は見習って、**パターンを流用できる基本的な台本を作っておくと、大量投稿を加速させることができる**でしょう。口下手の人でも、スムーズにトークができるようになるはずです。

もちろん、キッチリ作った台本の通りに一語一句違わず話す必要はありません。オープニングの言葉、それに続く動画の趣旨説明、エンディングの言葉、そんな概略で構いません。1分間で話せることは限られています。冒頭で要点を述べると、それに続くトークも自然と出てくるものですし、視聴者も聞く体制が整うので内容を伝えやすくなります。4章で述べた「印象をよくする『動画映え』する話し方」も参考にしてください。

また、ユーチューバーは動画のエンディングでチャンネル登録や高評価を促しますが、そこは逆に参考にするべきではありません。ただ、台本パターンを作る上ではエンディングも大事なので、代わりに**LINE公式アカウントへ誘導するのがお勧め**です。公式サイトへの誘導でもいいのですが、LINEアカウントの方が直接的に見込み客リストの獲得につながります。

住宅会社の
基本的な台本(例)

■動画スタート

こんにちは。
鈴木住宅株式会社の山田一郎です。

本日は、「住宅ローンの重点ポイント」
についてお伝えします。

(内容の説明を40〜60秒ぐらい話す)

■エンディング

ぜひ、こちらからLINE公式アカウントへの
ご登録をお願いします。

(LINE公式アカウントのQRコードを掲げながら話す)

また、「鈴木住宅」と検索いただけましたら
弊社の詳しい情報をご覧いただけます。

(検索窓とキーワードの表記を掲げながら話す)

(エンディングは全体で10秒ぐらい)

この例は1分間の動画の例ですが、長くなる動画の場合は話を「今日は○○○○の重要なポイントを3つ、お話します」と話を区切って進めると見やすい動画になります。

週次・月次YouTube動画実践管理表の策定

大量投稿を習慣化して継続するには、業務と同じように目標設定と管理が大切です。週次や月次の管理表を作成すると、意識付けと実践に役立ちます。

どんな仕事であれ、目標設定がないと実践力は低下します。仮に未達であっても構わないので、まずは目標をきちんと設定した上で実践をしていくことが大切です。

継続的な投稿がきちんと会社に定着している会社は、やはり目標設定と管理が明確です。例えば、朝礼で週に1回はYouTubeの進捗状況を確認するとか、営業会議の中で必ずYouTubeの実践状況について報告の時間を取るとか、短い時間でも社員にYouTubeを意識させている会社では、社内でYouTube投稿が定着しています。

本業でYouTubeは余計な仕事だとか、YouTubeは娯楽のものだとか、YouTubeは優先順位が低いものだという意識がある限り、いつのまにかやらなくなってしまいます。しかし**YouTubeも本業のうち、YouTubeをやることにも給料は支払**

われます、という意識付けができると、自然と会社に定着していきます。

時間が空いたときだけやればいい程度の意識で取り組んでいる会社と、全ての業務に優先するという意識で取り組んでいる会社とでは、ＹｏｕＴｕｂｅの投稿数に差が出てくるのは当然のことです。

チャットワークを用いた実践管理

管理表に加え、「チャットワーク」というビジネスチャットツールを用いるとさらに効果的です。

どうしてもＹｏｕＴｕｂｅ投稿が自社に根付かないという会社に、**実践管理表とチャットワークを用いた「報連相」の体制**を作ってもらったことがあります。その途端に実践力が伸びて、超大量投稿が実現できました。

●動画実践管理表

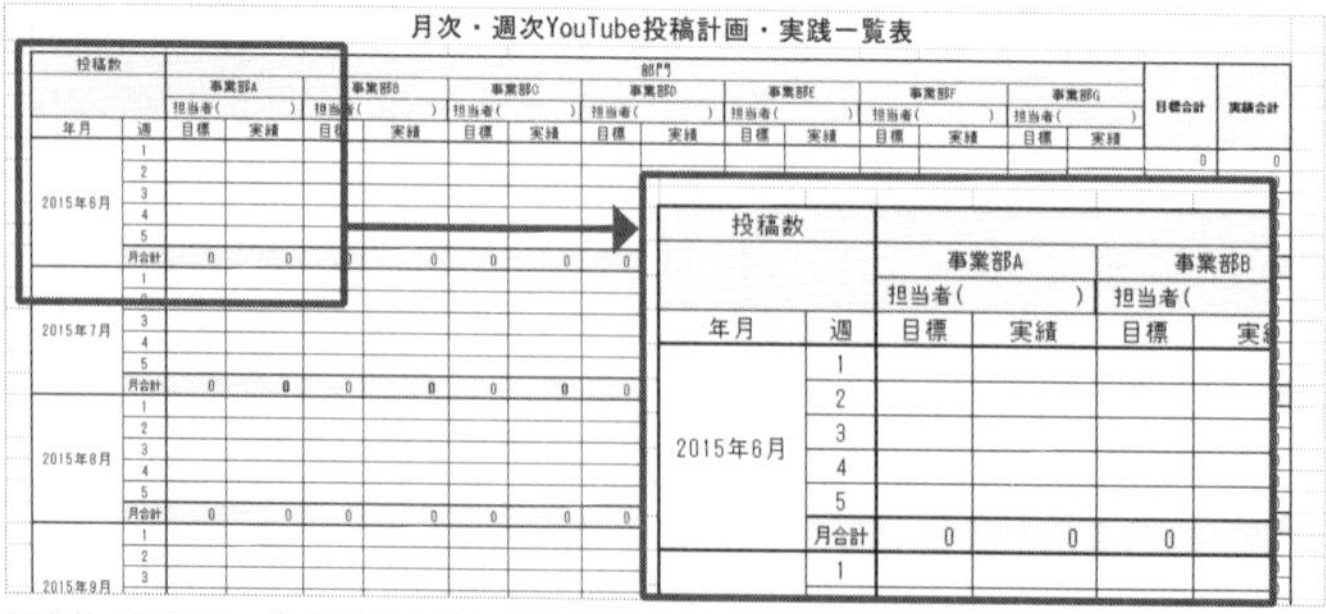

週単位で動画アップの目標と実績を記録し、管理する表の一例です。ひとまず目標を設定し、動画のクオリティはともかく、本数を上げていくことが重要でしょう。

本人の自主性に任せると、往々にして**YouTubeの撮影投稿は本業の仕事の二の次**にされてしまいがちです。**チャットワークを使うと社内で進捗が可視化**され、YouTubeは本業の一部で優先順位も高い仕事だという認識が定着していきます。

顔を合わせる機会が少ない社員やスタッフ同士のやり取りにもチャットワークは向いています。週に1度程度、動画投稿の目標と実績、未達の場合には次週の挽回目標と、相互報告の体制を作るといいでしょう。

便利なチャットツール「チャットワーク」

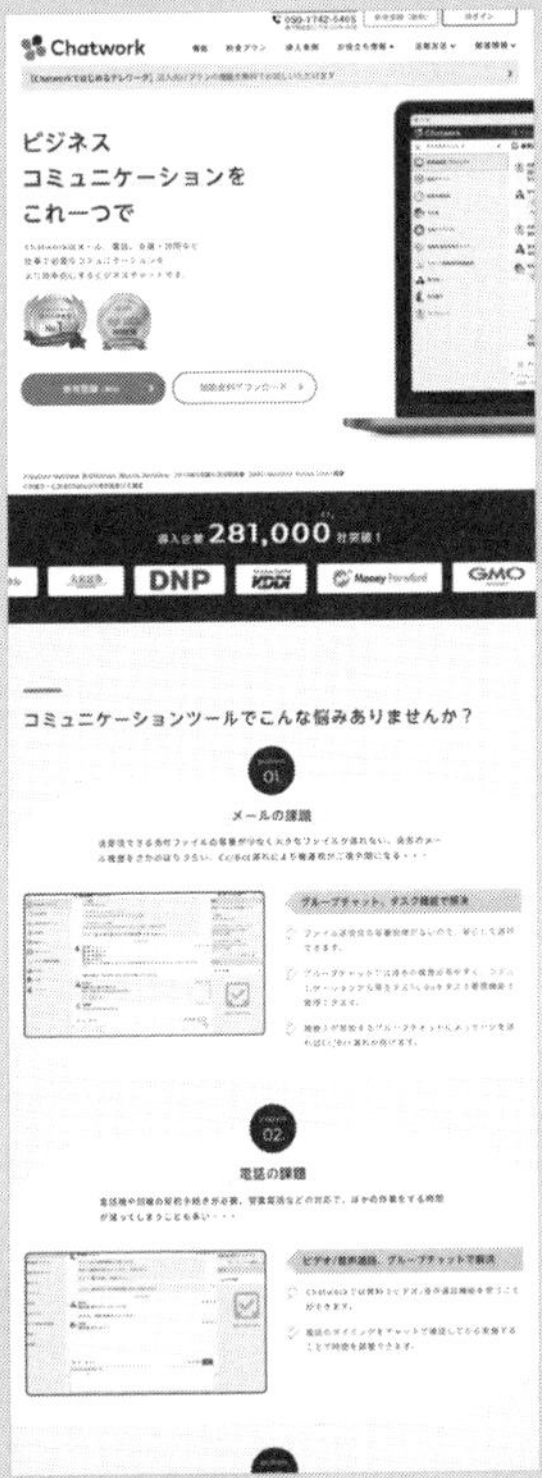

グループ全員への報告や、個人対個人の連絡、特定の発言へのコメント、引用やファイルの添付など、とてもキメ細かいコミュニケーションが行えるツールです。
https://go.chatwork.com/ja/

継続は力。くじけずに続けよう

一人でご商売をやられている方は特にそうなのですが、ビジネスYouTubeを始めても、褒めてくれる人はいませんし、すぐには成果も出ないしで、やめてしまいたくなることもあると思います。

ビジネスYouTubeは、じわじわと効果が出てくるものです。効果が出る前にやめてしまうのは非常にもったいないことです。

サークルや勉強会のご友人など、同じように一人で経営者をやっている方と、チャットワークなどで**お互いに報告をして評価しあう、お互いに緊張度を高め合いながら継続的な投稿に取り組む、そういった仕組みを社外の人と作ってみる**のもいいでしょう。

私も以前参加していましたが、商工会議所、青年会議所、同友会、法人会などの中小企業団体がたくさんあります。経営者同士で切磋琢磨し、YouTubeの実践、投稿を競い合うというのもひとつの方法です。

再生回数は1桁でもいい

再生回数が10回にも届かず、心が折れるかもしれません。しかし安心してください。「**薄い1,000回より濃い10回**」がビジネスYouTubeの基本です。濃い3回でも成果が出ている方がいます。

ビジネスYouTubeは1日でも早く始めた人が有利です。投稿した動画はその場だけのものではなく、財産としてネット上にずっと残り続けます。今は再生回数が10回にも満たないかもしれませんが、これが財産として地道に育っていきます。1年後には3回、2年後には10回、3年後には20回、あるいは3桁、4桁にも育つかもしれません。

もしYouTube投稿を始めなかったら、永遠にゼロです。一歩踏み出した時点で、ライバル会社に対してアドバンテージを持っているのです。

ビジネスYouTubeの成果は、再生回数では測れません。問い合わせが何件取れたか、ビジネスYouTubeで売上がどれだけ上がったか、それが評価基準です。**再生回数やチャンネル登録者数は気にしない**ことです。

◀最初の問い合わせまでは頑張ろう

最初の一本の問い合わせが来るまでの辛抱です。「YouTubeを見たのですが」というたった一言、その一言を聞けるまでの時間は、少し長く感じると思います。

しかし、いざその一言が聞けると、**確かに視聴者がいる、自分を見てくれている人がいるという自覚と、大きな自信が生まれます**。そのあとの意識はまるで変わってきます。

本書で事例として取り上げた小さな企業も、そうした時期を経て、売上アップという実績をちゃんと獲得しています。ときにはそんな先輩成功者の動画を見て、モチベーションアップにつなげてください。

また、いざ問い合わせが来ても、必ずしもクロージングには結びつかないかもしれません。しかし、**集客できたという事実が大きい**のです。

今月はYouTube経由の問い合わせが何件だった、ネット経由の問い合わせのうちYouTubeを見た人が何人だった、そうした分析をすると、あなたの会社のビジネスYouTube戦略が、問い合わせ獲得のためにどれだけ威力を発揮しているかが見えるようになります。月ごとにデータを取っていき、1年後には前年対比でどれくらい伸びているのかをチェックしてみてください。

実際にコンサルティングした経営者の多くは、最初の問い合わせが届くまでは半信半疑でしたが、「一本目の問い合わせを取れた！」その瞬間から世界が大きく変わったのです。

おわりに

誠実にビジネスYouTubeに取り組むあなたの伴走者として

本書の内容をお読み頂いていかがでしたでしょうか。

「成功者たちの動画は、ユーチューバーたちの動画と全然違う」

「これなら私にでもできそう」

そのようにお感じになった方も多いのではないでしょうか。

これこそが過去10年に渡って多くの企業が業績を大逆転してきたビジネスYouTubeなのです。

投稿する動画は短編で編集不要のシンプルなものでよい代わりに、タイトルなど戦略上、重要なポイントがあることもお分かり頂けたことと思います。

あとは継続的な実践ですね。


そこで、意欲的にこれからビジネスＹｏｕＴｕｂｅに取り組むあなたに特別なプレゼントを差し上げます。

私が日本全国でビジネスＹｏｕＴｕｂｅに取り組む経営者、ビジネスマンを対象にして、毎週一回、無料でＹｏｕＴｕｂｅビジネス活用のワンポイントアドバイスや最新の成功事例紹介を配信している「菅谷信一ＬＩＮＥ公式アカウント」があります。


このＬＩＮＥ公式アカウントは、私あてに直通のＬＩＮＥで質問などを送ることもできますので、もしあなたが難関やハードルに直面したときには、それらを乗り越えることができる、あなたの大きな味方になるはずです。

このＱＲコードを今すぐ読み取って、ビジネスＹｏｕＴｕｂｅに取り組むあなたの「伴走者」として、継続的な実践のための武器を手にしてください。

ぜひ、本書をキッカケにして、このＬＩＮＥ公式アカウントで「成功習慣」を作り、あなたのビジネスを大きく飛躍させる一歩を力強く踏み出してください。

あなたの大成功を心から祈っています。

ＹｏｕＴｕｂｅ戦略コンサルタント
菅谷信一

**日本一のビジネスYouTube
最新情報・成功事例を紹介する
菅谷信一LINE公式アカウント**

登録と同時に合計180分の
特典動画をお届けします。

特典1　極秘講演映像
「菅谷信一・地域コンサルNo.1への道」

特典2　120人の行列を一瞬で作った
「菅谷信一・伝説のプレゼン」

特典3　YouTube戦略ミニ講座1
「キーワードに困らないQ&Aサイトベスト5」

特典4　YouTube戦略ミニ講座2
「転ばぬ先の杖・ペナルティ対策」

特典5　YouTube戦略ミニ講座3
「無料サイト制作方法4選」

やってる人は稼いでる！
ビジネスYouTube入門

2020年11月10日　第一刷発行

著者
菅谷信一

装丁
ゴロー2000歳

編集協力
白石岳（有限会社ラケータ）
梅牧彩夏（有限会社ラケータ）

イラスト
浦崎安臣

出版コーディネート
小山睦男（有限会社インプルーブ）

編集
内山利栄

発行人
佐藤孔建

印刷所：三松堂株式会社
発行・発売：スタンダーズ株式会社
〒160-0008
東京都新宿区四谷三栄町12-4
竹田ビル3F
営業部（TEL）03-6380-6132